税務署を納得させる
エビデンス

──決定的証拠の集め方──

1 個人編

税理士 **伊藤俊一** 著

ぎょうせい

はじめに

いま、税務調査は大きな曲がり角にある。

コロナ禍という未曽有の事態にある中で、税務署はより一層の事務の効率化を図ることはもとより、この非常事態に対応するため、実地による調査よりも、文書による照会やオンライン等による簡易な調査を増やす傾向にある。その際に強力な物証となるのが、客観的な記録として残されている各種資料、すなわちエビデンスである。本書でいう「エビデンス」とは、物証・形跡等に加え「決定的証拠」という意味合いで用いることをご了承願いたい。

このようなエビデンスを納税者がどのように収集して整理し、税務署にどう呈示すれば、納得させることができるのか、つまり是認を勝ちとることができるのか。本書はこの点について、調査で指摘されやすい主要項目ごとにＱ＆Ａにより解説するものである。

この際に重要な論拠となるのが、裁決例や判例などの実例と国税内部の情報である。これらの資料を精読することで、税務当局がどのような観点から調査を進めているのか、そしてそれらに対して税理士を含めた納税者側はどのように対応していくべきなのかが自ずと浮彫りにされてくる。その時、口頭による説明はもちろん必要ではあるが、何よりも雄弁に物語るのがエビデンスである。このため、本書では特に重要と思われる書式や雛形についても、紙幅の許すかぎり掲載しているので、ぜひ参考とされたい。

なお、本書は、以下の３巻から成るシリーズの第１巻の個人編である。対象は、譲渡関係を含む所得税全般に及んでいる。ぜひ本書と合わせて、法人編と相続編も参照することで、あらゆる税務調査に対応できるエビデンスのノウハウを会得されたい。

『税務署を納得させるエビデンス　―決定的証拠の集め方―　１ 個人編』
『税務署を納得させるエビデンス　―決定的証拠の集め方―　２ 法人編』
『税務署を納得させるエビデンス　―決定的証拠の集め方―　３ 相続編』

　本書は、エビデンスという観点から税務調査や税務申告を捉えなおすものであり、これまでにない書籍であると自負している。本書が、税務署から是認を勝ちとるための証拠力を上げることに裨益するならば幸いである。

　　令和４年11月

　　　　　　　　　　　　　　　　　　　　　　　伊藤　俊一

══════ 目　次 ══════

第 I 章

税務調査に対応するための
エビデンスとは

Ⅰ-1　エビデンスの意義

> **Q** 税務調査に対応するためのエビデンスの意義についてその概略を教えてください。

A エビデンスとは、一般的に証拠・物証・形跡等を含めた意味合いとして用いられ、本書における税務上のエビデンスも基本的にはこれと同じ意味で用いることとします。具体的には税務調査等を受けたときに納税者が調査官に提示してその主張を根拠付ける資料のことをいいます。社会通念（＝常識）に従い、広範に捉えます。

　なお、本書の全体を通してですが、「質問応答記録書」については本書の趣旨と離れるため触れません。

　また、当局との見解の相違が事実認定レベルと法解釈レベルのどちらかという点については、調査の初動時に確認すべき点ですが、本書の趣旨から法解釈レベルに係る論点は極力触れないことをあらかじめお断りしておきます。

【解　説】

　税務調査等に対応するためのエビデンスとは、外部によって作成された外部証拠資料と、本人が作成に関わった（個人の場合、当該個人が作成に関わった）内部証拠資料とに大別されます。そして、証拠資料は、一般的に内部証拠資料より外部証拠資料のほうが、疎明力が高い、証拠能力が強いといわれます。

　内部証拠資料は証明力に関して納税者自身により作成されるという点で弱いといえますが、当該証拠は、納税者自身の「判断」を主張する手段として活用することができます。そのため、税務調査等における納税者の説明の方法いかんによっては、外部証拠資料より主張力の点では高い場合も十分にあり得ます。すなわち、証拠力としては外部証拠資料のほうが高いことは確かですが、当事者の主張は内部証拠資料のほうで意

思表明をすることができるということです。

　税務調査等において、エビデンスは事実関係を明らかにする手段のひとつです。事実関係に係る説明の点で、納税者側においても、当局においても活用されることになり得ます。納税者が現場の調査に対応する際のエビデンス作成、整理、主張に係る最大のポイントは、当局担当者に対し、「この現場で処分をしたところで、国税不服審判所や裁判所などの係争機関に出れば勝てない可能性が高い」と思わざるを得ないような説得力が十分にある資料を常日頃から用意しておくことです。

　税務調査等の連絡が来てから準備をしても手遅れです。多くの資料はいわゆるバックデイトで作成することは困難であり、また、事実関係や時系列がずれてしまうことが往々にしてあるからです。そこで日頃からエビデンスを整理しておく必要性は極めて高いことになります。

　このように国税不服審判所や裁判所で仮に係争になったとした場合の事実認定に係るレベルと同等のレベルの事実関係の主張・整理が極めて重要となります。そのため、本書では過去の裁決、裁判例や国税情報における「当局の証拠の使い方」を適宜参照しています。何がエビデンスとしての決定打となったかを検証することは実務において必要不可欠です。

　証拠の有無、証明力、自己の主張について、どこまでエビデンスの裏付けをもって立証できるか、上記の資料をも順次検証し、それを用意しておけば、すなわち、これらを実務でそのまま活かせば、当局の調査に十分対応できます。

　一方で、納税者が結果として勝利したとはいえ、それは周辺の関係事実に関しての主張の積み重ねが認められた結果論にすぎないという、厳しい評価もできる裁決・裁判例も少なからずあります。しかし、原則として、証拠がなくても周辺事実の積み重ねを丁寧に説明、主張することで納税者の考え方、主張がいつでも認められるとは限りません。不遜な言い方かもしれませんが、それは少々考えが甘いと言わざるを得ません。エビデンスの事前準備こそが納税者の主張を強める大きな手段のひとつと断言できます。

Ⅰ－2　エビデンスの活用にあたっての基本事項

> **Q** エビデンスの活用にあたっての基本事項を教えてください[1]。

> **A** 本書の性格から最小限の解説にとどめますが、直接証拠と間接証拠、弁論の全趣旨と事実認定などについては最低限押さえておく必要があります。

【解　説】

（1）直接証拠と間接証拠

イ　直接証拠

　　直接証拠とは、法律効果の発生に直接必要な事実（主要事実、要件事実、直接事実）の存否を直接証明する証拠をいいます。

　　例えば、弁済の事実を証明するための受領書や契約締結の事実を証明するための契約書等をいいます。

　　課税要件事実を証明できる証拠という観点からすれば、直接証拠とは課税要件事実を推認することなどを要せず直接に証明できる証拠を指します。

ロ　間接証拠

　　間接事実（主要事実の存否を経験則上推認させる事実）又は補助事実（証拠の信用性に影響を与える事実）の存否に関する証拠です。間接的に主要事実の証明に役立つ証拠をいいます。

　　例えば、貸金返還請求訴訟において、金銭消費貸借契約が締結された事実（主要事実）そのものの事実を借主が否認した場合、当時借主

---

1 情報　調査に生かす判決情報第89号　令和元年7月　証拠収集の重要性〜隠蔽又は仮装の認識を推認するための立証〜東京地裁平成25年4月18日判決（国側勝訴・確定）東京国税局課税第一部国税訟務官室、を参照しています。

が金に困っていた事実や借主には他の借金があり当時その借金の弁済をしていた事実は間接事実であり、これらの事実を証明するための証人は間接証拠に当たります。また、証人の証言内容の信頼性を明らかにする補助事実として、証人の記憶力・認識力を明らかにする鑑定なども間接証拠です。

なお、当局調査においては代表者の聴取内容を記録した聴取書等々はその内容いかんによって上記のいずれかに分類されます。

課税要件事実を証明できる証拠という観点からすれば、間接証拠とは、課税要件事実を直接証明できないが、間接的に課税要件事実の証明に役立つ証拠を指します。

（2）弁論の全趣旨と事実認定

イ　弁論の全趣旨

民事訴訟において、証拠調べの結果以外の口頭弁論に現れた一切の資料・状況をいい、当事者・代理人の弁論（陳述）の内容・態度・時期、釈明処分の結果などが含まれます。

ロ　事実認定

事実認定は、自由心証主義（民事訴訟法247条）の下で、弁論の全趣旨と証拠調べの結果を斟酌して、経験則（経験から帰納的に得られた事物に関する知識や法則であり、一般常識的な経験則から専門科学的知識としての経験則まで、多岐にわたります。）を適用して判断されるものです[2]。

（3）主要事実の認定における直接証拠と間接証拠の位置付け

訴訟において主要事実（法律効果の発生に直接必要な事実）の認定は、直接証拠のみでされることは少なく、一般的に、間接証拠との総合によってされる場合が多いといえます。

2『新民事訴訟法（第5版）』新堂幸司（弘文堂）『新民事訴訟法講義（第3版）』中野貞一郎ほか（有斐閣）『ステップアップ民事事実認定』土屋文昭ほか（有斐閣）『附帯税の事例研究（第4版）』品川芳宣（財経詳報社）『法律学小辞典（第5版）』高橋和之ほか（有斐閣）『民事訴訟における事実認定』（法曹会）

　間接証拠によって事実を認定する場合は、間接証拠から間接事実を認定した上で、その間接事実に経験則を当てはめて「推認」していく過程が不可欠であるのに対し、直接証拠によって認定する場合は、そのような過程は必要ありません。

　しかし、だからといって、一般論として、直接証拠による認定のほうが心証の程度が高いということになるわけではありません。

　ちなみに、最高裁昭和43年2月1日第一小法廷判決によると、事実認定に用いられる「推認」の用語法は、裁判所が、証拠によって認定された間接事実を総合し経験則を適用して主要事実を認定した場合に通常用いる表現方法であって、証明度において劣る趣旨を示すものではないものとされます。

（4）税務調査における（係争を意識した）事実認定

　税務調査において、係争を意識した資料を作成することは先述のとおりですが、提出された事実（主要事実、間接事実、補助事実）について、当事者がその存否を争った場合、税務調査では税務調査官とのやりとりにおいて、係争では係争機関が事実を認定する必要があります。

　裁判所の場合、訴訟当事者間において争いのない事実に加え、証拠（裁判所が採用した直接証拠、間接証拠）や弁論の全趣旨によって認定事実を確定し、当該事実に法令を適用して判断をしていきます。

　訴訟当事者にとっては、自らにとって有利な事実認定を正当化するに足りる強力な証拠を探索・収集し、それを証拠として裁判所に提出し、その事実の存在について裁判官を説得することが、訴訟を勝訴に導く上で重要となります。

（5）税務調査において当局が意識している証拠資料の収集・保全を行う際に留意していること

　訴訟当事者は、自己にとって有利な事実の存在について、証拠（直接証拠・間接証拠）をもって裁判官を説得することが、訴訟を勝訴に導く上で重要であることから、税務調査に当たっては、係争を見据えた視点

が重要になります。

　また、やみくもに自己に有利な事実（課税要件の充足を肯定する証拠）のみを集めればよいものではなく、自己に不利な事実（課税要件の充足を阻害する証拠）が認められる場合には、当該事実を踏まえてもなお課税を相当とすることができるか否か、慎重に検討を行うことが必要となります。

Ⅰ－3　当局側のエビデンスの活用手段

> **Q** 税務調査における当局側のエビデンスの活用手段を教えてください。

> **A** TAINSにまとめられている「調査に生かす判決情報」シリーズは税務調査で何を証拠として提示したから当局の主張が認められた、という事案について詳細に解説をしています。これらを参照することで当局の証拠収集のポイントはどこかがわかります。そして先述のように当該資料を納税者側は日頃から用意しておく必要がある、ということになります。

【解　説】

　TAINS収録「その他行政文書　調査に生かす判決情報076」[3]を検証します。

　当該資料中には、次のように書かれています。

○　課税要件事実は、間接事実を積み上げることによっても立証できる。

　→　「あるべき事実がない」ということも重要な間接事実

○　課税要件事実の推認は、「有利な間接事実」と「不利な間接事実」の両方を検討する必要がある。

　→　「不利な間接事実」を否定できるだけの間接事実（証拠）が必要

○　間接事実による推認は、常に覆される可能性がある。

　→　間接事実は種類と数が重要

　まず、事実認定の基礎知識として、次をご覧ください。

3　情報　調査に生かす判決情報第76号　平成29年5月　間接事実による課税要件事実の推認～東京地裁平成20年6月12日判決（国側勝訴）（控訴審：東京高裁平成21年1月28日判決（国側勝訴）最高裁平成21年6月16日決定（相手側上告棄却・上告不受理））　東京国税局課税第一部国税訟務官室、から参照・引用しています。

1　裁判官による事実の判断

　裁判において、裁判官は、法規上の権利関係の存否を判断するに当たって、この法規上の権利を発生させるのに必要な法律要件に該当する具体的事実（課税要件事実）の存否を判断し、その認定した事実について、適用すべき法規の存在やその内容の解釈をもとに法的判断を行い、結論（判決）を出します。元裁判官によれば、次のような検討を経て事実認定を行っているようです[注1] 4。

①　事実認定の対象となる事実を確定する（争点の確定）。

②　証拠[注2]から課税要件事実や間接事実[注3]を認定できるかどうかを検討する。

③　間接事実から課税要件事実を推認[注4]する方法を検討する。

④　裁判官として課税要件事実が認定できるかどうかを検討する。

2　間接事実による課税要件事実の推認方法

　裁判官は、上記1のような検討を経て課税要件事実の存否を判断していますが、いつも課税要件事実を直接に認定できる証拠がある（②→④）とは限らず、間接事実の存否が最重要の争点となることも少なくないようです[注5]。このような場合、裁判官は、②で認定した間接事実に、「人間は、このような場合、通常、このような行動をする（しない）」といった経験則を適用し、課税要件事実を推認することが多いようです[注6・7]。

　ただし、経験則は常に例外（推認を妨げる事情）を伴うものであるため、間接事実による推認は、常にその推認が覆される可能性があることを否定できないとされています[注8]。

---

4 本文中の注釈は下記のとおり。

（注1）伊藤滋夫『事実認定の基礎〔初版〕』5頁（有斐閣、2004）参照。なお、本情報では、参考文献における「主要事実」及び「要件事実」を「課税要件事実」にすべて置き換えて記載している（以下同じ）。

（注2）証拠とは、法律を適用すべき事実の有無を証明するための材料をいう（法令用語研究会編『法律用語辞典〔第4版〕』587頁（有斐閣、2012））。

（注3）間接事実とは、課税要件事実の存否を立証するために認定される事実をいう（法令用語研究会・前掲注（2）158頁）。また、間接事実の存否を立証するために認定される事実を再間接事実という（司法研修所編「事例で考える民事事実認定」16頁（法曹会、2014）参照）。

【民事訴訟における事実認定のイメージ図】(注9)

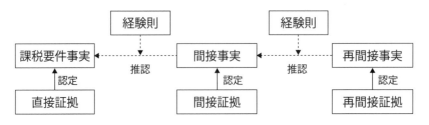

（注4）間接事実から経験則によって事実を認定することをいう（司法研修所編『民事
　　訴訟における事実認定〔第1版〕』33頁（法曹会、2007））。
（注5）伊藤・前掲注（1）22及び23頁。
（注6）司法研修所・前掲注（3）12頁。
（注7）司法研修所・前掲注（4）29頁。
（注8）伊藤・前掲注（1）79頁。
（注9）司法研修所・前掲注（3）15頁の図を参考に作成。

第Ⅱ章

家事関連費と必要経費
に係るエビデンス

Ⅱ－1　家事関連費と必要経費の区分に係るエビデンスの当局の基本的考え方

Q 家事関連費と必要経費の区分についての証拠に係る国税当局の基本的な考え方を教えてください。

A 本問の論点については裁決・裁判例が膨大にあります。そこで国税情報や判決速報を確認し国税当局が何を証拠として抽出するかを検証します。

　下記では直接性に関して費用単独では検証しない、収入と費用との対応（費用収益対応の原則）によって総合勘案し、収入について性格を把握するための証拠を十分に用意することを求めています。

【解　説】

○その他行政文書　調査に生かす判決情報069

情報　調査に生かす判決情報第69号　平成29年1月　～判決（判決速報№.1412【所得税】）の紹介～　東京国税局課税第一部国税訟務官室

《ポイント》

　必要経費該当性の判断については費用のみならず収入の性質からも検討を行うことが重要である！

（事件の概要）

1　X（納税者）は、精密機械部品製造業を営む内国法人A社の代表取締役（平成20年5月以前は専務取締役）を務める給与所得者であり、シンガポール法人B社の発行済み株式の約99.9％を直接に保有している。

2　Xは、平成16年分ないし18年分の所得税について、外国子会社合算税制の適用はないとした確定申告書を提出した。

　　これに対し、Y（課税庁）は、外国子会社合算税制の適用がある（適用除外基準のうち、実体基準及び管理支配基準を満たさない）として、

　　Ｂ社の課税対象留保金額に相当する金額をＸの雑所得の総収入金額に算入して、所得税の各更正処分及び過少申告加算税の各賦課決定処分（以下「別件各更正処分等」という。）を行った。

3　Ｘは、別件各更正処分等の取消しを求め、適法な不服申立てを経た後、東京地方裁判所に訴訟を提起したところ、同裁判所は、Ｘの請求を認容し、別件各更正処分等の全部を取り消した。

　　国側は、これを不服として、控訴したところ、東京高等裁判所は国側の控訴を棄却する旨の判決を言い渡し、同判決は確定した（以下、別件各更正処分等の取消訴訟を「前件訴訟」という。）。

4　Ｘは、前件訴訟による別件各更正処分等の取消しにより、既に納付していた所得税及び住民税（以下「本件過納金」という。）の還付を受けるとともに、国税通則法58条１項及び地方税法17条の４に規定する還付加算金（以下「本件還付加算金」という。）の支払を受けた。

5　Ｘは、平成25年分の所得税及び復興特別所得税につき、本件還付加算金を雑所得として法定申告期限内に確定申告をした後に、前件訴訟のために支出した弁護士費用（以下「前件訴訟弁護士費用」という。）が、所得税法37条１項に規定する「総収入金額を得るため直接に要した費用」に当たるとして同費用の額を雑所得の金額の計算上必要経費に算入すべきとする更正の請求を行った。

6　これに対して、Ｙが、前件訴訟弁護士費用は本件還付加算金に係る雑所得の必要経費には当たらないとして、更正すべき理由がない旨の通知処分を行ったところ、Ｘは、前件訴訟弁護士費用の金額を、本件過納金と本件還付加算金の各金額に応じて按分し、そのうち、本件還付加算金に係る部分として算出された金額（以下「前件訴訟弁護士費用按分額」という。）については、雑所得の必要経費に当たるとして、本訴を提起した。

（本件の争点）

　　前件訴訟弁護士費用按分額は、本件還付加算金に係る雑所得の必要経費に該当するか否か。

（裁判所の判断）

1　所得税法37条1項は、その年分の雑所得の金額の計算上必要経費に算入すべき金額は、別段の定めがあるものを除き、①「総収入金額に係る売上原価その他当該総収入金額を得るため直接に要した費用の額」（同項前段）及び②「その年における販売費、一般管理費その他これらの所得を生ずべき業務について生じた費用の額」（同項後段）とする旨を定めている。

　これは、いわゆる費用収益対応の原則により、特定の収入との対応関係を明らかにできる費用についてはそれが生み出した収入の帰属する年度の必要経費とすべきであり、特定の収入との対応関係を明らかにできない費用についてはそれが生じた年度の必要経費とすべきであることから、必要経費を二つに区分し、個別対応の費用に相当するものとして上記①の費用の額を、一般対応の費用に相当するものとして上記②の費用の額をそれぞれ定めたものと解される。

　そして、上記①の費用に該当するといえるためには、特定の収入と何らかの関連性を有する費用というだけでは足りず、総収入金額を構成する特定の収入と直接の対応関係を有しており当該収入を得るために必要な費用であることを要すると解するのが相当であり、その該当性の判断は、当該費用に係る個別具体的な諸事情に即し社会通念に従って客観的に判断されるべきであると解される。

　なお、上記②の費用に該当するといえるためには、所得を生ずべき業務と何らかの関連性を有する費用というだけでは足りず、所得を生ずべき業務と直接的な関連性を有しており当該業務の遂行上必要な費用であることを要すると解するのが相当である。

2　Xと弁護士との間の契約内容は前件訴訟に関する業務を委任するものであるから、前件訴訟弁護士費用は、Xが、別件各更正処分等による納付すべき税額を確定させる効力を否定することを目的として提起される前件訴訟の追行に係る事務を本件弁護士に対して委任し、当該事務が遂行されたことに対する報酬として支払われたものとみるのが相当であるから、前件訴訟弁護士費用と直接の対応関係を有するのは

本件過納金そのものである。

　また、還付加算金は、法定の還付加算要件が満たされる場合に還付金又は国税に係る過誤納金（以下「還付金等」という。）の発生原因にかかわらず法律上当然に還付金等に加算して支払われるものであって一種の利子としての性格を有するものと解される。

　本件還付加算金が生じたのも、前件訴訟の判決の効力によって本件過納金が生じ、本件過納金の支払決定によりその還付を受けることになったことなど法定の還付加算要件を満たしたことによるものであって、前件訴訟の判決の直接の効力によるものではない。

　したがって、前件訴訟弁護士費用按分額は、本件還付加算金と直接の対応関係を有するものとはいえず、所得税法37条1項前段に規定する「総収入金額を得るため直接に要した費用」に該当するとはいえない。

3　本件還付加算金は、法律上当然に加算され支払われたものであって、前件訴訟の提起及びその訴訟追行が雑所得である本件還付加算金を生ずべき「業務」に該当するものということはできず、他に当該「業務」に該当するものがあるということもできない。

　したがって、前件訴訟弁護士費用按分額は、所得税法37条1項後段に規定する「その年における販売費、一般管理費その他これらの所得を生ずべき業務について生じた費用」に該当するとはいえない。

4　以上のとおり、前件訴訟弁護士費用按分額は、所得税法37条1項前段又は後段に規定する費用のいずれかに該当するとはいえないから、Xの雑所得に係る総収入金額から控除される必要経費に該当するとはいえないというべきである。

（国税訟務官室からのコメント）

1　必要経費の意義

　所得税法37条1項は、不動産所得、事業所得又は雑所得の金額の計算上必要経費に算入すべき費用の範囲等について規定するところ、同項は、必要経費に算入すべき金額を、これらの所得の収入金額を得るのに直接に要した費用及びこれらの所得を生ずべき業務について生

じた費用の額と定めている。

　そして、ここでいう「費用」とは、企業会計における概念として、一般的に収益を獲得するための価値犠牲分を意味するとされている（東京高裁平成20年4月23日判決・税務訴訟資料258号順号10948）。

2　所得税法37条1項前段に規定する「直接に要した費用」の該当性について本件においては、前件訴訟弁護士費用按分額が所得税法37条1項前段に規定する「直接に要した費用」に該当するか否かが争われたところ、裁判所は、判断枠組みにつき前記「裁判所の判断」1のとおり判示した上で、前件訴訟弁護士費用按分額が還付加算金を得るため直接に要した費用に該当するか否かについて判断した。

(1)　裁判所は、まず、<u>必要経費該当性が問題となる費用の側に着目し、前件訴訟弁護士費用そのものがどのような役務提供に対して支払われたものであるかなどの検討を行った上で、前件訴訟弁護士費用と直接の対応関係を有するのは本件過納金という収入そのものである</u>と判断（※下線筆者）した（前記「裁判所の判断」2参照）。

　　次に、裁判所は、還付加算金という収入の側にも着目し、還付加算金が一種の利子としての性格を有するものであり、Xが本件還付加算金の支払を受けることとなったのも、<u>法定の還付加算要件を満たしたことによるものであって、前件訴訟判決の直接の効力によって生じたものではない</u>（※下線筆者）として、前件訴訟弁護士費用と本件還付加算金との直接の対応関係を否定する判断をした（前記「裁判所の判断」2参照）。

(2)　このように、裁判所は、<u>必要経費該当性を検討、判断するという場面で、費用という側面のみならず、対応関係にあるとする収入の発生原因や性質、すなわち、本件においては、還付加算金の発生原因や法的性質（通則法に規定する法定の還付加算要件が満たされる場合には、税務署長等が法律上当然に加算して支払わなければならないものとして還付金等に加算されるもの）という側面にも着目して、検討、判断を行っており、このような裁判所の判断過程からみれば、必要経費該当性を検討、判断する場合においては、費用のみ</u>

ならず収入の性質からも検討を行うことが重要（※下線筆者）であることが分かる。

　課税処分取消訴訟においては、国側が処分の適法性についての主張・立証責任を負うこととなるから、調査において必要経費該当性が問題となる場合には、費用の面のみならず、収入の基となった取引内容や対価の支払原因等についても十分に確認し、関係する資料を収集する（※下線筆者）必要がある。

3　参考裁判例

⑴　弁護士費用の必要経費該当性が争点となった裁判例には以下のものがある。

　イ　東京高裁昭和51年３月15日判決（税務訴訟資料87号757ページ、その上告審である最高裁昭和51年10月１日第二小法廷判決により確定）

　　　上記判決は、納税者個人が過去の年分に係る課税処分取消訴訟に要した弁護士費用を、必要経費に準じて課税上控除すべきものであるから雑損控除の対象として確定申告したところ、税務署長がこれを否認し更正処分をした事案である。

　　　裁判所は、上記弁護士費用は、納税者個人の確定申告に係る係争年分の給与所得、不動産所得あるいは譲渡所得と何らの対応ないし関連も存しないから、これを右各所得の金額の計算上必要経費に算入すべきものということはできないなどと判示し、更正処分は適法であると結論づけた。

　ロ　広島高裁平成24年３月１日判決（訟務月報58巻８号3045ページ、その上告審である最高裁平成24年12月20日第一小法廷決定により確定）

　　　上記判決は、納税者個人が所得税の課税処分取消訴訟で一部認容判決を得て還付加算金の支払を受けたところ、同訴訟に要した弁護士費用等が、還付加算金に係る雑所得の必要経費に該当するか否かが争点となった事案である。

（本件と同様の争点）

　　裁判所は、所得税法37条１項前段及び後段のいずれの適用においても、本判決とほぼ同旨の判断をしている。

　⑵　本判決は、所得税法37条１項後段に規定する「業務について生じた費用」の該当性について、従来の多くの裁判例と同様に、業務との直接関連性が必要経費算入の要件であるとする判断を示したが（前記「裁判所の判断」１参照）、業務との関連性につき、「直接性」を要しないという判断を示した裁判例として以下のものがある。

○東京高裁平成24年９月19日判決（判例時報2170号20ページ、その上告審である最高裁平成26年１月17日第二小法廷決定により確定）

　　上記判決は、弁護士会の役員を務める弁護士個人が支出した交際費等（日本弁護士連合会副会長に立候補した際の活動等に要した費用、弁護士会等の役員等として出席した懇親会等の費用）が当該弁護士個人の事業所得の必要経費に該当するか否かが争われた事案である。

　　裁判所は、ある支出が業務の遂行上必要なものであればその業務と関連するものでもあるというべきであるとし、これ以上に、当該事業の業務と直接関係を持つことを求めると解釈する根拠は見当たらないと判示している（参考：調査に生かす判決情報第33号）。

《留意事項》　本判決は、相手側が控訴しており未確定である。

Ⅱ―2　家事関連費と必要経費の区分に係るエビデンス

Q 家事関連費と必要経費の区分について実務上の典型的な論点に係る基本的な考え方を教えてください。

A 確固たる具体的な証拠は作成できません。実務では事実認定になります。後述の国税情報や判決速報でも「課税処分取消訴訟において必要経費について争われた場合、その多くは、所得税法37条1項（必要経費）の法解釈よりむしろ個別具体的な事実関係が争点となっており、判決の結論は、事実認定に負うところが多いのが実情である。」と明記されています。したがって、間接証拠の積み重ねの手法で（本シリーズ＜法人編＞を参照のこと）認定されていきます。

また、典型事例を見ながら、反論手法も交えて検証します。

【解　説】

(1)　**現実論として証拠化が困難であること、及び典型的な反証手法**

典型事例として、

・個人事業主の当局調査

・当該個人事業主は新事業展開を目論見、頻繁に海外出張をしている。

・これらに係る「海外渡航費」を必要経費に算入したい。

しかし、

・当局の見解では、売上が認識できた時点で初めて必要経費になるという原則から、その海外出張による効果をもっての売上が認識できていない年分は必要経費にならない、

という主張があります。当局のこの考え方は上掲Ⅱ―1の当局調査対応と事実上同じ指摘項目です。

必要経費の原則ですが、

19

(1)個別対応

　①売上原価

　②総収入金額を得るため直接に要した費用の額

(2)期間対応

　その年の販売費・一般管理費その他業務上生じた費用の額

と整理できます。

　上記事案において、当局は(1)②をもって指摘しています。しかし、(2)に該当すれば必要経費となります。この(2)期間対応の概念によって必要経費該当性を判断するなら、売上とのひも付き関係にはなりません。この(2)の典型項目が人件費・賃料です。

　ところで(2)の販管費においては、

・事業に直接の関連を有すること

・業務の遂行上通常必要な支出かどうか

　について個別判断されます。結論からいえば、必要経費判定での「直接の関連」とは「事業関連性があること」を指します。「その経費支出時に」売上と結び付いている必要性は問われません。

　Ⅱ－1の裁判例は、収入の性格から上記の(1)個別対応(2)期間対応にもひも付けできないことから判断されているものであり、上掲の結論を貫徹して主張することになります。

　この際、よく参考とされる事例があります。

重要情報1

○　（医師の交際費と青色専従者給与の適正額）

①中元等の費用は医療業務の遂行上必要な支出であり交際費と認められる、②医師の資格を有する請求人の妻は青色事業専従者に該当し、その給与の適正額は類似同業者の平均給与の額と認めるのが相当であるとした事例（平22－02－18裁決）TAINSコードＦＯ－１－349

（一部抜粋）

3　判　断

(1)本件中元等について

イ　法令解釈

　　事業所得の金額の計算上控除されるべき必要経費については、所得税法第37条第1項に規定されているところ、ある支出が必要経費として総収入金額から控除されるためには、客観的にみて、それが業務と直接の関連を有し、かつ、当該業務の遂行上通常必要な支出であることを要すると解される。

ロ　認定事実

　　請求人提出資料及び当審判所の調査の結果によれば、次の事実が認められる。

　(イ)　■■■■■■■■では新規患者の名簿を備え付けており、当該名簿の「診療科名」欄には、当該患者を紹介した医院名等が記載されている。

　(ロ)　平成17年分及び平成18年分に係る上記（イ）の名簿には、別表3に記載の贈答先54名のうち20名の者の医院名等が記載されている。

　(ハ)　別表3に記載の贈答先の者の職業は、開業医34名、総合病院及び大学の医師16名、レントゲン技師1名、院外薬局関係者2名及び公認会計士1名であり、これらの者は、患者の紹介元の開業医等、患者の紹介先の開業医等、診療等を臨時に依頼した非常勤医師やレントゲン技師、医師の派遣を受けるための関係者、取引先である院外薬局の関係者及び関与する公認会計士である。

ハ　判　断

　　本件中元等の贈答先は、上記ロの（ハ）のとおり、■■■■■■■■■の患者の紹介元の開業医等、患者の紹介先の開業医等及び診療等を臨時に依頼した非常勤医師やレントゲン技師などであることから、これらの支出は、請求人の医療業務を円滑に行うことを目的とするものであると認められる。

　　そうすると、本件中元等の費用は、客観的にみて、請求人の医療

業務に直接の関連を有し、かつ、当該業務の遂行上通常必要な支出
であると認められるので、必要経費の金額に算入するのが相当であ
る。したがって、この点に関する原処分庁の主張には理由がない。

重要情報2

○（家事関連費／農業所得）

　本件各費用は家事関連費と認められるところ、その事業遂行上必要な
部分が合理的に明らかにされているとは認められないから必要経費に算
入されないとした事例（平19－03－22裁決）TAINSコードＦ０－１－
398

　（一部抜粋）

３　判　断

(1)　争点（本件各費用の必要経費該当性）について

　イ　所得税法第37条第１項、同法第45条第１項第１号及び同法施行
　　令第96条第１号の各規定の趣旨からすると、ある費用が必要経費
　　に当たるといえるためには、当該費用に事業との関連性及び必要性
　　が要求されるところ、事業との関連性及び必要性の有無についての
　　判断は、単に事業主の主観的判断のみでなく、客観的に認識できる
　　ものでなければならないものと解される。（※下線筆者）

　　　また、家事費が事業遂行上必要なものでなく必要経費に算入され
　　ないのに対し、必要経費と家事費の性質を併せ持つ家事関連費は、
　　その主たる部分が事業遂行上必要であり、かつ、その必要である部
　　分を明らかに区分することができる場合に限り、その部分を必要経
　　費に算入することとした（※下線筆者）ものである。

　　　この裁決では納税者主張の箇所が通常実務で処理されている事項
　　が列挙されています。それに対し国税当局がどのような主張をした
　　かを確認するのに非常に参考になります。

（一部抜粋）

2　争点及び主張

　次の各費用（以下「本件各費用」という。）は、各年分の農業所得に係る必要経費に算入されないか。

　〔以下、三菱パジェロ（自動車登録番号：■■■■■■）を「パジェロ」及びトヨタカローラ（同：■■■■■■）を「カローラ」とそれぞれいい、これらを併せて「本件各車両」という。また、■■■■■■■■■所在の宅地（1,097.52㎡）を「本件宅地」、同宅地上の木造の倉庫（31.93㎡）を「本件プレハブ建物」、同軽量鉄骨造の車庫（47.60㎡）を「本件絡納庫」、同木造の居宅（146.97㎡）を「本件住宅兼倉庫」及び同木造の居宅（175.46㎡）を「本件住宅」とそれぞれいう。〕

項目	原　処　分　庁	請　　求　　人
各科目共通	本件各費用は、①家事費又は②家事関連費であって、かつ、請求人が本件各費用のうち業務の遂行上必要である部分を明らかに区分する根拠を示さなかったもののいずれかであるから、いずれも必要経費に算入されない（以下、本件各費用のうち業務の遂行上必要である部分の占める割合を「事業用割合」という。）。	請求人は、自ら記帳した農業収入・支出帳簿（以下「収支ノート」という。）と、支出に係る領収証、レシート、金融機関の振込証等（以下「領収証等」という。）に基づいて農業所得に係る必要経費を算定しており、本件各費用は、いずれも請求人が農業を営む上で必要な費用であるから、それぞれ、その全部又は一部は、農業所得に係る必要経費に算入される。
(1)仕入金額		次表の金額は、米の仕入れに係るものであるから、請求人は確定申告において必要経費に算入しなかったが、その全額が必要経費に算入される。

仕入先＼年分	平成13年分	平成14年分	平成15年分
■■■■■■	円	円	円
■■■■■■	1,190,000	1,402,500	―
■■■■■■	54,000	54,000	90,000
■■■■■■	―	8,000	―
■■■■■■	―	62,000	62,000
■■■■■■	―	122,317	117,949
計	1,244,000	1,648,817	269,949

(2) 減価償却費	イ　本件各車両		
	家事関連費	請求人は、本件各車両の事業用割合について「台数が多くて算定が難しいのでただ簡単に50％とした」旨申述したのみで、業務の遂行上必要である部分を明らかに区分する根拠を示さなかったから、必要経費に算入されない。	パジェロは、通勤のほか、日々の田の見回りにも使用しており、通勤距離片道約3㎞に対して見回りにも同程度を要した。また、カローラは、買物等のほか、米の配送にも使用しており、片道平均10㎞の県内顧客15件から16件に配送するため、年間走行距離約8,000㎞に対して年間配送距離約4,000㎞であった。したがって、本件各車両の事業用割合はいずれも50％であるから、同減価償却費は、それぞれそれらの50％が必要経費に算入される。（平成13年分及び平成14年分201,915円、平成15年分152,202円）
	ロ　本件プレハブ建物		
	家事費	農業の用に供されていなかったから、必要経費に算入されない。	現在は物置となっているが、各年分においては農作業の休憩所、■■■■の集会所として使用していた

		から、同建物の事業用割合は100％であり、同減価償却費は、その全額が必要経費に算入される。（各年分とも102,433円）
ハ	本件格納庫	
家事費	上記ロに同じ。	軽トラック2台とカローラの車庫として使用していたほか、収穫物用冷蔵庫が置いてあり、ほぼ農業用として使用していたから、その事業用割合は100％である。したがって、本件格納庫の減価償却費は、その全額が必要経費に算入される。（各年分とも96,778円）
ニ	本件住宅兼倉庫	
家事関連費	請求人が業務の遂行上必要である部分を明らかに区分する根拠を示さなかったから、必要経費に算入されない。	1階の床下部分は、農作業具の保管並びに商品（味噌、醤油）及び根菜の貯蔵のための倉庫となっており、また、土間コンクリート部分は作業所となっていた。さらに、1階の廊下に事務を行う部分が設けられていたほか、視察に訪れる客の宿泊にも使用する場合があった。作業所及び事務用部分の面積は28畳（45.36㎡）であり、本件住宅兼倉庫の事業用割合は全体（146.97㎡）の33％である。したがって、同減価償却費は、その33％が必要経費に算入される。（各年分とも199,465円）

	ホ　本件住宅		
	家事関連費	上記ニに同じ。	応接間を■■■に使用しており、また、和室を視察に訪れる客の宿泊に使用していた。この2部屋22.5畳（36.45㎡）は使用頻度は低いが、事業用施設として使用することを前提として建築したから、本件住宅の事業用割合は、関連設備を含め、全体（175.46㎡）の33％である。したがって、本件住宅の減価償却費は、その33％が必要経費に算入される。（各年分とも442,689円）
	ヘ　本件格納庫前の舗装		
	家事関連費	上記ニに同じ。	作物運搬のためにアスファルト舗装を行ったものであるから、本件格納庫前の舗装の事業用割合は100％であり、同舗装の減価償却費は、その全額が必要経費に算入される。（各年分とも57,082円）
(3)利子割引料	家事関連費	上記(2)ニに同じ。	本件住宅に係るものであり、上記(2)ホと同様であるから、本件住宅に係る利子割引料は、その33％が必要経費に算入される。（平成13年分236,849円、平成14年分230,054円及び平成15年分216,501円）
(4)租税公課	イ　本件各車両		
	家事関連費	上記(2)イに同じ。	上記(2)イと同様であるから、本件各車両に係る租税公課は、その50％が必要経費に算入される。（平成13年分129,690円、平成14年分

			90,742円及び平成15年分129,071円)
	ロ	本件住宅	
	家事関連費	上記(2)ニに同じ。	上記(2)ホと同様であるから、本件住宅に係る租税公課は、その33％が必要経費に算入される。(各年分とも52,173円)
	ハ	本件宅地	
	家事関連費	上記(2)ニに同じ。	事業用建物の床面積及び農業用通路の面積は394.49㎡であったから、本件宅地の事業用割合は全体(1,097.52㎡)の35.9％であり、本件宅地に係る租税公課は、その35.9％が必要経費に算入される。(各年分とも20,162円)
(5) 素蓄費	家事費	請求人は、昭和62年以降において鶏卵の販売を行っておらず、飼育数も平成13年分20羽、平成14年分15羽及び平成15年分12羽であり、また、鶏糞の販売又は農業への利用がされていなかったから、請求人の行っていた鶏の飼育は農業に当たらない。したがって、鶏に係る費用は、必要経費に算入されない。	鶏糞を畑の有機肥料とするなど、農業の一環として行っていたから、請求人の鶏の飼育は農業に当たる。したがって、鶏の取得費は、その全額が必要経費に算入される。(平成13年分15,000円)
(6) 飼料費			上記(5)と同様であるから、鶏の飼料費は、その全額が必要経費に算入される。(平成13年分10,039円、平成14年分23,182円及び平成15年分9,948円)
(7) 諸材料費			上記(5)と同様であるから、鶏に係る諸材料費は、その全額が必要経費に算入される。(平成15年分2,079円)

(8) 動力光熱費	イ	本件各車両	
	家事関連費	上記⑵イに同じ。	上記⑵イと同様であるから、本件各車両に係る動力光熱費は、その50％が必要経費に算入される。(平成13年分47,370円、平成14年分65,594円及び平成15年分57,025円)
	ロ	電気料、灯油代、ガス代及び水道代	
	家事関連費	上記⑵ニに同じ。	家庭用部分に電灯25箇所、コンセント25箇所(うち冷蔵庫用2箇所)を配置していたのに対し、事業用部分に電灯25箇所、コンセント21箇所(うち冷蔵庫用3箇所)を配置していたことから、電気料の事業用割合は最低でも30％である。 　自宅で農作業後にシャワーを浴びたりしていたので、上記⑵ニ及び同ホ各記載の建物に係る事業用割合を33％としたことを考慮すれば、灯油代の事業用割合は30％であり、また、同様に、ガス代の事業用割合は20％である。 　給水栓の数は家庭用部分9個に対し事業用部分12個であったから、水道代の事業用割合は最低でも20％である。 　したがって、それぞれの事業用割合に相当する部分の動力光熱費が必要経費に算入される。(平成13年分133,521円、平成14年分94,630円及び平成15年分103,999円)

(9)荷造運賃手数料	家事関連費	上記(2)ニに同じ。	■■■■■へ支払った運賃は、■■■■■■関係の会議や会合の際に使用したものが相当あるので、事業用割合は30％であり、同運賃の30％が必要経費に算入される。（平成13年分29,451円、平成14年分54,735円及び平成15年分38,061円）
(10)委託料			米の宅配に係る集金手数料及び請求人名義の■■■■■（口座番号■■■■■、以下「本件振替口座」という。）への販売代金の入金等に係る手数料は、確定申告において必要経費に算入しなかったが、その全額が必要経費に算入される。（平成13年分22,680円、平成14年分26,807円及び平成15年分42,755円）
(11)研修費	イ	別表4の「研修会費等」欄記載の各金額	
	家事費	いずれも農業に関係がないから、必要経費に算入されない。	研修会費等は、■■■■、■■■■、■■■■の研修及び大会参加費並びに農業現場の視察費用のいずれかであったから、その事業用割合は100％であり、その全額が必要経費に算入される。（平成13年分325,613円、平成14年分472,293円及び平成15年分332,979円）
	ロ	別表4の「新聞等」欄記載の新聞代及びNHK受信料	
	家事関連	上記(2)ニに同じ。	新聞代及びNHK受信料は、いずれも農産物の市場動向や天気予報など農業のための情報源であった

	費		から、事業用割合はいずれも50％であり、それぞれ50％が必要経費に算入される。（平成13年分54,865円、平成14年分44,055円及び平成15年分44,055円）
⑿接待交際費	家事費	いずれも農業との関連が不明であるから、必要経費に算入されない。	別表5記載の各金額は、いずれも販売促進のためのものであり、農業経営に直接必要なものであったから、その事業用割合は100％である。したがって、同各金額はその全額が必要経費に算入される。（平成13年分506,522円、平成14年分258,669円及び平成15年分300,147円）
⒀通信費	家事関連費	上記⑵ニに同じ。	パソコン通信回線使用料については、確定申告において必要経費に算入しなかったが、農業に関する事項をホームページに掲載していたので、その事業用割合は100％であり、また、父名義の家庭用電話の通話料については、同電話で米の注文も受けていたので、その事業用割合は最低でも20％である。したがって、それぞれの事業用割合に相当する部分の通信費が必要経費に算入される。（平成13年分19,260円、平成14年分39,317円及び平成15年分25,311円）

　実務では、納税者主張の按分計算をしていることがほとんどです。これを証拠として残すことはそれぞれの勘定科目共通で疎明力をどこまで高められるか、によります。

　通信費、光熱費等々、物理的・システム的に家事用と業務用とに区分できるものがあれば、そうしたほうはがより良いということになりますが、現実的ではありません。

　一方、上掲での住宅費や接待交際費は区分が極めて難しい経費です。

　紙幅の都合で国税不服審判所の判断まで言及できませんが、「費用の事業遂行上必要な部分を合理的に明らかにするに足りる証拠がない」ため必要経費算入を認められていないものが多数あります。

　先述のとおり、家事関連費と必要経費の按分は一定のルールがなく、疎明力の高い証拠を作成することはできません。疎明力とはニュアンスが違いますが、心証がよくなる証拠は合理的按分をしている計算一覧です。既に各事務所に用意があると思いますが、「在宅勤務に係る費用負担等に関するＦＡＱ（源泉所得税関係）」令和３年１月（令和３年５月31日更新）国税庁などの計算式を流用できます[5]。

⑵　必要経費における「50％ルール」

所得税基本通達45－2（業務の遂行上必要な部分）

　令第96条第1号に規定する「主たる部分が不動産所得、事業所得、山林所得又は雑所得を生ずべき業務の遂行上必要」であるかどうかは、その支出する金額のうち当該業務の遂行上必要な部分が50％を超えるかどうかにより判定するものとする。

　ただし、当該必要な部分の金額が50％以下であっても、その必要である部分を明らかに区分することができる場合には、当該必要である部分に相当する金額を必要経費に算入して差し支えない。

　ここにいう施行令とは、下記です。

所得税法施行令第96条（家事関連費）

　法第45条第1項第1号（必要経費とされない家事関連費）に規定す

---

5 https://www.nta.go.jp/publication/pamph/pdf/0020012-080.pdf

る政令で定める経費は、次に掲げる経費以外の経費とする。

一　家事上の経費に関連する経費の主たる部分が不動産所得、事業所得、山林所得又は雑所得を生ずべき業務の遂行上必要であり、かつ、その必要である部分を明らかに区分することができる場合における当該部分に相当する経費

　施行令は、家事関連費のうち必要経費にできる部分は、

①業務の遂行上必要であること

　かつ、

②必要経費と家事費との区分が客観的に明確に区分できるもの

　であり、この②の部分において、

　「業務の遂行上必要な部分が特定できない場合に限り、いわゆる50％ルールの適用がある」と通達で規定しています。

　本通達の逐条解説には、次のような記述があります。

　「令第96条では、第1号で「主たる部分が業務の遂行上必要」であることを条件としている一方、第2号では、青色申告者に限って、「主たる部分」という制約を除外しているが、主たる部分が業務の遂行上必要といえないとしても、必要部分が区分できる場合には白色申告者だからといって必要経費算入を認めないとするのは不合理となるから、本通達は、実際上は、白色申告者についても青色申告者と同様の扱いを受けることができることとしたものである。」

　結論として青色申告、白色申告を問わず、必要経費判定は定量的割合だけで判断できないということになります。

⑶　社会通念（＝常識、経験則）と必要経費該当性

　高級品、個人的嗜好が高いと社会通念上認められるものについて直ちに必要経費に該当しないと判断するのは早計です。

○平成7年10月12日裁決　TAINSコードF0－2－048

　「請求人は、本件車両については、代表取締役社長が通勤及び支店へ

出張する際の交通　手段として使用する旨主張するので、社長の出張旅費の支給実績を検討したところ、交通費は支給されていない事実が認められる。

　原処分庁は、本件車両は事業の用に供された実績が明らかでなく、イタリア製の高級スポーツカーで一般社会常識から見ても個人的趣味の範囲内のものであり、同族会社ゆえにできる行為であると主張するが、そうであるとしても、現実に請求人の事業の用に使用されていることが推認できる以上は、原処分庁の主張を採用することはできず、また、代表取締役社長が請求人とは別に外国製の車両3台を個人的に所有しており、請求人の減価償却資産としていないことを併せ考えると、請求人が本件車両を資産として計上していることを不相当とする理由は認められず、本件車両に係る減価償却費等を損金の額から減算した原処分及び本件車両の取得費等を役員賞与と認定した原処分は、いずれも取り消すのが相当である。」

　ただし、上掲のような家事使用按分一覧と同様、購入品、個人的嗜好が高いと社会通念上目されているものに関してはより詳細なエビデンスを証拠保全する必要があります。

①出張旅費規程を作成、その通り運用

　上記裁決では、実際に出張旅費規程があり、日帰り出張（支店巡回）の場合は、交通費を支給しないという規程通りの運用がなされていました（ただし宿泊料・日当・通行料は支給されていました）。

②出張（支店・営業所への巡回も含む）の際には運転記録を作成しておくこと

　運転記録は、事業の用に供していることを明確に証明できる資料として重要です。なお、当局調査では車両走行距離まで確認されるケースもあります。それも記録として残しておきます。

③完全な私用で車を持っている場合は、明確に公私の区別をしておくこと

　なお、個人事業主に限定されず、法人においてのオーナー（代表者）関連費用についても上掲の一切が該当します。

Ⅱ－3　士業の必要経費に係るエビデンスの基本的考え方

Q 士業とその必要経費の該当性についてエビデンスに係る基本的な考え方を教えてください。

A 士業に係る必要経費該当性について係争は非常に多くあります。士業や医師業等々は個人事業主調査の対象に多く選定されます。当局は個人の確定申告書を全てチェックしているようですが、資格業でない個人事業主は通常所得の増加に伴い、法人化をするため、所得が高い個人の確定申告は資格業が残ってしまい、そのため調査選定になりやすくなります。

　ここでは代表的な事例について、資格業でない個人事業主においても参考となる事例を検証します。

【解　説】

　次の情報が参考となります。

重要情報

○その他行政文書　調査に生かす判決情報045

情報　調査に生かす判決情報第45号　平成28年1月　証拠収集の重要性（必要経費非該当性の立証）－判決速報№1355【所得税】の紹介－東京国税局課税第一部国税訟務官室

《ポイント》

▼　証拠を収集するに当たっては、課税要件は何か、そのためにはどのような事実が認定できればよいか、その事実を認定するためにはどのような証拠が必要であるかという意識を常に持つことが重要である。

▼　納税者から調査担当者の見解と異なる意見の申し出があった場合、納税者の言い分をよく聞いて、納税者の主張内容及びその主張の根拠と

なる証拠書類等をきちんと整理・検討して、納税者の主張が排斥される
ものであるか否かを判断することが大切である。

　今号で紹介する判決は、司法書士業務を営んでいたX（納税者）が支
出した金員について、Xの事業所得の金額の計算上必要経費に算入する
ことはできないと判断された事案である。

　税務調査において、ある支出が必要経費に該当するか否かが問題とな
ることが多く、その際、どのような証拠を収集すればよいかということ
に悩むケースもあると思われる。

　そこで、今回は、本判決における裁判所の判断形成の過程を踏まえて、
どのようなことを意識して証拠収集することが重要であるかを整理して
いる（※下線筆者）ので、証拠収集の重要性を改めて認識し、税務調査
の参考にされたい。

（事件の概要）

1　本件は、司法書士業務を営んでいたXが、平成22年分の所得税に
　おいて、広告代理店に対して支出した広告宣伝費（以下「本件広告宣
　伝費」という。）の額を事業所得の金額の計算上必要経費に算入して
　確定申告をしたところ、Y（課税庁）から、本件広告宣伝費の額を必
　要経費に算入することはできないなどとして、更正処分及び過少申告
　加算税賦課決定処分等を受けたことから、その取消しなどを求めた事
　案である。

2　Xは、司法書士であり、「A司法書士事務所」と称する事務所にお
　いて、個人で司法書士業務を営んでいた。

3　Xは、平成22年12月24日、名称を「司法書士法人A事務所」、特
　定社員（司法書士法3条2項に規定する司法書士である社員）をXほ
　か1名とする司法書士法人（以下「本件法人」という。）の設立登記
　の申請をし、同日設立の登記がされ、本件法人が成立した。

4　本件法人は、平成23年1月5日、B銀行において、司法書士業務
　の報酬受取のため、「本件法人過払い金口」の名義で普通預金口座を
　申し込み、これが開設された。

　　また、本件法人は、同月7日、その顧客の代理人として、貸金業者

C社との間で、金銭消費貸借により生じた不当利得（過払金）返還請求に関して、同社が過払金を当該口座に送金して支払う旨の条項を含む合意を成立させた。

5　Xは、平成22年12月24日、A司法書士事務所代表として、広告代理店D社との間で、平成23年1月1日から同年12月31日までの間、電車内に事務所案内のポスターを掲出する旨の契約（以下「本件広告契約」という。）を締結した。D社は、同日、Xに対して、当該契約に基づき本件広告宣伝費の額（消費税相当額を含む。）の請求書を発行し、Xは、後日、同額をD社が指定した銀行口座にX個人名義で振り込んだ。

6　本件広告契約に基づき電車内に掲出されたポスターは、掲出時期により3種類あり、そのうち、1月〜3月上旬に掲出されたもの（以下「本件1月ポスター」という。）は、広告掲載者をA司法書士事務所（X個人）とするものであり、その余のものは、広告掲載者を本件法人とするものであるが、いずれの広告掲載者も、その事務所の所在地及び電話番号は同一であった。

（本件の争点）

本件広告宣伝費の額をXの平成22年分の所得税の事業所得の金額の計算上必要経費に算入することができるか。

（裁判所の判断）

裁判所は、本件広告宣伝費が事業所得を生ずべき業務について生じた費用（所得税法37条1項）に該当しない限り、これを平成22年分の事業所得の金額の計算上必要経費に算入することはできないとした上で、Xは、平成22年12月24日、D社との間で本件広告契約を締結し、D社から本件広告宣伝費の請求を受け、後日これを支払った一方、本件法人は、同月24日に成立し法人格を取得していることから、本件広告宣伝費は、X個人又は本件法人のいずれの業務について生じた費用であるのかがまず問題となるとして、本件1月ポスターがX又は本件法人のいずれの業務に関する広告であったのかについて、次の①及び②のとおり検討した。その結果、本件1月ポスターは本件法人の業務に関する広告で

あると認められ、そうである以上、本件広告宣伝費は、同法人の業務について生じた費用であるといわざるを得ないから、これをＸの平成22年分の所得税の事業所得の金額の計算上必要経費に算入することはできないと判断した。

① 平成22年12月24日以降の司法書士業務の主体について

　ＸがＹに提出した届出書等では、平成22年12月24日に本件法人が事業を開始し、Ｘの個人事業を休止した旨が記載されていた。そして、本件法人は、平成23年1月5日、同法人名義で普通預金口座を開設し、同月7日、過払金に関する裁判外の和解において代理業務を行っているところ、これは司法書士法3条1項7号に規定する司法書士の業務であるから、同時点で同法人は既に業務を行っていたと認められる。

　これに対し、Ｘは、本件法人が司法書士会から法人会員証の交付を受けた平成23年1月25日までは、Ｘが個人として司法書士業務を行っていたと主張し、その根拠として、同期間中に任意整理を受任した顧客に関する支払予定表の報酬振込先の口座がＸ個人名義の口座となっていることを挙げる。しかし、当該支払予定表は司法書士業務の報酬の請求書の性格を有すると認められるところ、請求書における振込先の記載は、支払われる報酬を管理するための方法の一つにすぎない。そして、当該支払予定表には、契約の当事者（受任者）がＸ個人であるのか本件法人であるのかについて何らの記載もないこと、ＸはＹに対し、平成22年12月24日に本件法人が事業を開始し、Ｘ個人の業務を休止したと届け出ていること、司法書士法42条1項は、司法書士法人の社員の競業禁止を規定しており、本件法人の定款も同様の競業禁止を定め、その違反を除名事由としているところ、本件法人が成立した同日以降に、Ｘが自己のために司法書士業務を行うことはこれらの競業禁止規範に違反するものであったことを併せ考えると、当該支払予定表の存在をもって、Ｘが平成23年1月25日まで個人として司法書士業務を行っていたと認めることはできない。

　したがって、平成22年12月24日以降に司法書士業務を行っていたのは、本件法人であり、Ｘ個人ではないと認められる。

②　本件１月ポスターの宣伝効果等について

　本件１月ポスターの広告掲載者は、Ｘ個人となっている。しかし、その住所は、本件法人のものと同一であり、電話番号も他のポスターに掲載されている本件法人の電話番号と同一である。したがって、本件１月ポスターを見て業務を依頼する者は、当該住所や電話番号に連絡することになるから、広告掲載者名義がＸ個人であったとしても、同ポスターの宣伝効果は本件法人に及ぶといえる。

　また、本件広告契約は本件法人が成立したのと同じ日に締結されているものであるが、本件法人の社員であるＸが自己のために司法書士業務を行うことは、司法書士法や本件法人の定款の規定する競業禁止義務に違反することになるのであるから、Ｘが、本件広告契約に基づく本件１月ポスターの掲出によって、かかる義務違反となるような司法書士業務を行うことの広告を意図していたとは考え難い。

（調査に役立つ基礎知識）

1　必要経費の意義ないし範囲

　所得税法上、その年分の不動産所得の金額、事業所得の金額又は雑所得の金額の計算上必要経費に算入すべき金額は、別段の定めがあるものを除き、①これらの所得の総収入金額に係る売上原価その他当該総収入金額を得るため直接要した費用の額（通常個別対応と呼ばれているもの）及び②その年における販売費、一般管理費その他これらの所得を生ずべき業務について生じた費用（償却費以外の費用でその年において債務の確定しないものを除く。）の額（通常期間対応と呼ばれているもの）とする旨規定されている（所得税法37条１項）。

　必要経費の意義ないし範囲については、「或る支出が所得税法37条１項の必要経費として総所得金額から控除されうるためには、客観的にみてそれが当該事業の業務と直接関係をもち、かつ業務の遂行上通常必要な支出であることを要し、その判断は当該事業の業務内容など個別具体的な諸事情に即し社会通念に従って実質的に行われるべきである」（青森地裁昭和60年11月５日判決・税務訴訟資料147号326ページ）と判示する裁判例がある一方で、東京高裁平成24年９月19日判決（判例時

報2170号20ページ・税務訴訟資料262号順号12040、その上告審である最高裁平成26年1月17日第二小法廷決定により確定）は、ある支出が事業所得の金額の計算上必要経費として控除されるためには、事業所得を生ずべき業務の遂行上必要であることが必要であり、当該事業の業務と直接関係を持つことは要しないと判示（※下線筆者）している。

　このように裁判例によっては、必要経費の意義ないし範囲について異なる判断をしたものがあるものの、課税処分取消訴訟において必要経費について争われた場合、その多くは、所得税法37条1項（必要経費）の法解釈よりむしろ個別具体的な事実関係が争点となっており、判決の結論は、事実認定に負うところが多いのが実情（※下線筆者）である。

2　必要経費の主張・立証責任

　上記のとおり、訴訟において必要経費について争われた場合、その多くが事実認定により決する（※下線筆者）ところ、国側と納税者側のどちらが主張・立証責任を負うかという問題がある。

　この点について、経費の不存在（通常は一定額を超えては存在しないこと）については、一般的に、国側に主張・立証責任があると考えられている（※）[6]。その理由としては、①税率表を適用して税額を算出する基礎となる課税標準の前提となる所得は、収入から必要経費を控除した額と定められ、必要経費が明らかにならなければ所得額が確定できないこと、②実質的観点からみても、課税庁は、更正を行った以上、収入及び必要経費についての資料を把握しているはずであり、この点についての立証が困難とはいえないし、一般に収入を得るためにはなにがしかの経費を伴うのが通常であるから、その存否・金額が不明の場合にその部分に課税するのは妥当でないと考えられていることが挙げられる。

3　本件における裁判所による必要経費非該当性の判断形成の過程

(1)　本件は、本件広告宣伝費の額を、Xの所得税の事業所得の金額の計

6（※）の箇所について
　「特別経費」、「貸倒損失の存在及び金額」、「納税者が、行政庁の認定額を超える多額の必要経費の存在を主張しながら、その内容を具体的に指摘せず、行政庁がその存否及び金額について検証の手段を有しない場合」などについては、納税者側に立証責任があると考えられる（金子宏『租税法（第20版）』982頁）。

算上必要経費に算入することができるか否かを主な争点とするところ、課税要件は、本件広告宣伝費が、その年（平成22年）における販売費、一般管理費その他事業所得を生ずべき業務について生じた費用ではないことであり（所得税法37条1項）、本件広告宣伝費がX個人の業務に関する費用として支出されたものではないという事実を認定することができれば、（当該業務と直接関係を持つか否かはさておき、）課税要件が充足されることになる。

　しかし、必要経費は、納税者にとって有利な事柄であり、納税者の支配領域内のこととして証拠資料を整えておくことが容易であることに加えて、国側が「必要経費でないこと」を立証することは、直接的な証拠がなく困難であることが多い。

　本件においては、<u>本件法人が平成22年12月24日に成立し、法人格を取得していたため、本件広告宣伝費が、X個人の業務に関する費用として支出されたものではないということを直接的に立証しなくても、これが本件法人の業務について生じた費用であるという事実を認定することができれば、X個人の業務との関連性が認められず、本件広告宣伝費をXの事業所得の金額の計算上必要経費に算入することができないという結論が導かれることになり、本件における課税要件が充足される</u>（※下線筆者）こととなる。

　この点、裁判所は、本件広告宣伝費が本件法人の業務について生じた費用であるという事実を認定するに当たり、①平成22年12月24日以降の司法書士業務の主体及び②本件1月ポスターの宣伝効果等を検討して、①については、本件法人が同法人名義で普通預金口座を開設し、過払金に関する裁判外の和解において代理業務を行っていたという証拠などに基づき、平成22年12月24日以降、Xが個人として司法書士業務を行っていたとは認められず、司法書士業務の主体が同法人であったと認定し、また、②については、本件1月ポスターに記載されている住所及び電話番号が本件法人のものと同一であることなどから、同ポスターの宣伝効果が同法人の業務に及ぶと判断した。そして、裁判所は、このような検討によれば、本件1月ポスターが本件法人の

業務に関する広告であると認められ、そうである以上、本件広告宣伝費をXの平成22年分の所得税の事業所得の金額の計算上必要経費に算入することはできないと判示した。

　税務調査においても、ある支出が必要経費に該当するか否かが問題となることが多い。このようなときには、本判決における判断形成の過程において示されたように、課税要件は何か、そのためにはどのような事実が認定できればよいか、その事実を認定するためにはどのような証拠が必要であるかということを常に意識して証拠を収集することが重要である。

　そして、収集した証拠から認められる事実に基づいて、当該支出の必要経費該当性又は非該当性を判断することが大切である。

⑵　また、税務調査においては、納税者から調査担当者の見解と異なる意見の申し出がされることがある。

　本件においても、<u>Xは、平成23年1月25日までに任意整理を受任した顧客に関する支払予定表の報酬振込先の口座がX個人名義の口座となっていることを根拠として、同日まではXが個人として司法書士業務を行っていたと主張した。これに対し、裁判所は、支払予定表の振込先の記載は、支払われる報酬を管理するための方法の一つにすぎず、また、当該支払予定表には、契約の当事者（受任者）がX個人であるのか本件法人であるのかについて何らの記載もないなどとして、Xの主張を排斥</u>（※下線筆者）した。

　税務調査において、このような納税者の主張を採用できない理由を明確に説明することは、納税者から、調査担当者の見解についての理解を得られ易く、また、調査担当者にとっても、自身の見解が証拠との関係から整合性があることを確認するのに有効である。

　したがって、納税者から調査担当者の見解と異なる意見の申し出があった場合、まず、納税者の言い分をよく聞いて、納税者の主張内容及びその主張の根拠となる証拠書類等をきちんと整理した上で、納税者から提示された証拠書類等が納税者の主張する根拠となり得るか否かを検討して、納税者の主張の採否を判断することが大切である。

(3)　本件は事例判決（※下線筆者）であり、飽くまで本件の事実関係に
　　おいては、本件広告宣伝費をＸの事業所得の金額の計算上必要経費に
　　算入できないと判断された判決であるものの、裁判所によるその判断
　　形成の過程は、税務調査においても参考になると思われる。

　口座の管理について言及されています。経費按分は疎明力が弱いので
すが、そもそもの経費（それに係る収入も）別口の口座に区分できるも
のであれば、疎明力は高くなります。法人でも同様のことがいえますが、
経費の支払については個人事業主としてのクレジットカードを固定して
おくことです。先述の高級車事件から、同様のことがいえますが、仮に
クレジットカードを複数枚所有しており、事業用以外のものは一切家事
用であることがカード履歴で明確になれば、さらに疎明力は高くなりま
す。

Ⅱ―4　弁護士費用の必要経費に係るエビデンス

> **Q** 弁護士費用の必要経費該当性についてエビデンスに係る基本的な考え方を教えてください。

A 弁護士費用の必要経費性は「特殊な費用である訴訟・係争費用については、その訴訟原因との関連で必要経費該当性を検討する必要があることから、所得税基本通達37－25は、業務の遂行上生じた紛争又は業務の用に供されている資産につき生じた紛争を解決するために支出した費用は必要経費に該当する旨定めている。

　一方、訴訟目的との関連については、特に通達等に規定はない。これは、訴訟が提起された場合には、訴訟の趣旨が明らかになり、業務との関連がある程度明確になることから、特に通達等の規定がなくとも、必要経費該当性についての判断が可能になるため」と考えられています。

【解　説】

　次の情報が参考となります。

○その他行政文書　調査に生かす判決情報033

情報　調査に生かす判決情報ｉｓｓｕｅｄ；033　平成26年2月　必要経費か、家事費か、それが問題－業務との関連がポイント－東京地裁平成25年10月17日判決（国側一部敗訴・確定）　東京国税局課税第一部国税訟務官室

《ポイント》

1　家事費と思われる支出であっても、納税者が業務に関連があると主張する可能性がある場合には、納税者にその支出の目的を確認した上で、業務との関連性の有無について聴取書等により証拠化することが必要

2　家事関連費を事業所得等の必要経費に算入するためには、

　(1)　業務の遂行上必要であること

　(2)　その必要な部分の金額が明確に区分されていること

　の二つの要件が必要

　○本件は、X（納税者）の事業所得の金額の計算上、①Xが家族と共に居住している住宅（本件住宅）は、事業用にも使用しているとして、その使用割合に係る地代家賃等（本件地代家賃等）、②Xの長男に係る義務教育代行費用（本件教育費用）、③Xの長男に関する係争に係る弁護士費用（本件弁護士費用）、及び④Xが仕事用のために購入したとする服飾品等の雑費（本件雑費）の各費用が必要経費に算入できるか否かが争われ、本件弁護士費用を除いて、国側の主張が認められた事件である（Xが主張する必要経費の約93％が否認された。）。

（事件の概要）

1　Xは、①生命保険会社の代理店として、生命保険商品等の販売、傘下代理店の募集・教育・育成、及び②インターネットのサイトを紹介するカードの配布の各業務(以下「本件各業務」という。)を行っていた。

2　Xは、青色申告者であるところ、本件各業務に係る事業所得について、毎年多額の損失を計上していた。

3　Y（課税庁）は、Xの所得税の調査に着手したところ、次の事実が判明した。

　(1)　Xは、青色申告にもかかわらず、帳簿は作成しておらず、領収書等を集計するなどして事業所得の金額を算出していた。

　(2)　Xは、「私生活と事業活動が混然一体として営まれており、私や家族の生活があってこそ収入が得られるものであるから、食事代を含む生活費の全てが必要経費になる。」として、事業上の費用（必要経費）と家事上の費用（家事費）とを区別することなく、領収書等を基に集計した全ての金額を事業所得の必要経費に算入していた。

4　Yは、Xが保存していた領収書等（約9,000枚）について、必要経

費に該当するか否かを個別に検討し、その結果に基づき、Xに修正申告の勧奨を行ったところ、Xは食事代等その一部については、修正申告書を提出した。

5　Yは、青色申告の承認の取消処分を行うと同時に、修正申告の勧奨に応じなかった部分（本件の争点）について更正処分等を行った。これに対し、Xは、本訴に及んだ。

（納税者の主張（争点））

1　本件地代家賃等

本件住宅のうち、本件各業務に使用する場所は明確に区分され、1階のリビングルームは、ビジネス専用の集会場であり、毎日、会議、食事会や、パーティー・ミーティングのために使用しており、時間的にも家族団らんの場所として使用することは不可能である。

また、2階の事務所スペースは、事務作業及び個別の打合せをするためのものであり、寝室として使用するのは年に1、2回しかない。本件住宅のうち、事業用として使用している割合は、60％が相当であるから、その割合に相当する金額は、事業所得の金額の計算上必要経費に算入することができる。

2　本件教育費用

Xの長男は、A市立小学校の担任教諭の暴力行為により、心的外傷後ストレス障害（PTSD）を発症し登校できなくなった。Xは、A市に代わって長男に義務教育に代わる教育を受けさせる必要が生じたが、X自身が長男を教育するとすれば、売上げを上げることができないことが明らかであったため、Xは、民間企業に依頼して長男に教育を受けさせた。

本件教育費用を支払わなければ、Xは売上げを確保することができなかったから、本件教育費用は、売上げを上げるための営業支援費用であり、本件各業務の遂行上必要なものであるから、事業所得の金額の計算上必要経費に算入することができる。

3　本件弁護士費用

Xの長男がPTSDを発症したことにつき、A市が何の手当てもしな

かったために、Xは売上げが減少する損害を受けた。そのため、Xは、A市に対し、本件各業務に係る売上げの減少による損害賠償を求める訴訟を提起することを弁護士に委任した。

　本件弁護士費用は、そのために支払った着手金であるから、事業所得の金額の計算上必要経費に算入することができる。

4　本件雑費

　本件各業務は、マルチ・レベル・マーケット業（個人の販売代理店を多段階に集めて営業活動を行う業態）であるから、代理店や顧客と面会する際には、芸能人並みに服装、服飾品や車両に多額の費用をかけなければ売上げが上がらない。したがって、本件雑費は、事業所得の金額の計算上必要経費に算入することができる。

（裁判所の主たる判決要旨）

1　本件地代家賃等

　本件住宅は、全体として居住の用に供されるべき３ＬＤＫの２階建て住宅であり、その構造上、居住用部分と事業用部分とを明確に区分することができる状態にないことが明らかであり、Xがその家族と共に本件住宅に居住していることを併せて考えると、リビング等を本件各業務の専用スペースとして常時使用し、それ以外の用向きには使用していなかったとは考えられず、むしろ、居宅である本件住宅において、Xが家族と共に家庭生活を営みつつ、本件各業務に関連する業務などを行っていたものと認めるのが相当である。

　したがって、本件地代家賃等のうち本件各業務の遂行上必要な部分を明確に区分することができないから、事業所得の金額の計算上必要経費に算入することはできない。（※下線筆者）

2　本件教育費用

　A市に代わってXの長男に義務教育に代わる教育を受けさせるための本件教育費用は、長男の教育費用という個人の消費生活上の費用そのものであって、家事費に該当するから、本件教育費用を必要経費に算入することはできない。

3　本件弁護士費用

(1) 所得税法37条1項（必要経費）によれば、その年分の事業所得の金額の計算上、総収入金額に係る売上原価その他当該総収入金額を得るために直接に要した費用の額は、必要経費に算入すべきこととされているところ、一般に、事業を行う者が、事業所得による収益の補填を目的として、事業所得の減少分に係る損害賠償請求を提起することを弁護士に依頼した場合には、その費用は、総収入金額を得るために直接に要した費用ということができるから、その金額は必要経費に算入することができるというべき（※下線筆者）である。

(2) Xは、①本件弁護士費用は、A市に対し、本件各業務に係る売上減少による損害賠償を求める訴訟を提起することを弁護士に委任した際の着手金である旨、及び②弁護士に委任したのは休業損害の損害賠償に関する交渉のみであって、長男が被った損害の損害賠償請求に関する交渉は弁護士に委任していない旨述べており、また、「弁護士事務所の確認書」と題する書面には、Xが弁護士に対し、A市に対する事業の休業損害賠償請求を予定した交渉案件の着手金を支払ったことにつき、事実関係に相違ない旨の弁護士による記名押印がされていることが認められる。

　　この点、Yは、本件弁護士費用は、Xの長男が小学校の担任教師から暴力を受けたことに関してA市教育委員会を訴えるために弁護士に支出した費用であって、本作各業務の遂行上生じた紛争又は本件各業務の用に供されている資産につき生じた紛争を解決するために支出した費用には該当せず、必要経費に算入することはできない旨主張し、その根拠として、①本件調査時の聴取書によれば、Xは、本件弁護士費用は、Xの長男が小学校の担任教師から暴力を受けたことに関してA市教育委員会を訴えるために弁護士に支出した費用である旨述べていること、②YからのA市教育委員会に対する照会に対し、A市教育長は、Xから事業収益が減少したことによる損害賠償請求を受けたことがない旨回答していること、③A市教育委員会に対する弁護士作成の質問書によれば、弁護士のXからの受任事項として、Xの長男が担

当教師から暴力的な態度や不適切な発言をされたために、精神的苦痛を受けた件と記載されており、収益の減少による損害賠償の記載がないことを指摘する。

しかしながら、審査請求書添付の担当審判官からの釈明書に対するＸの回答書によれば、Ｘと弁護士は、訴訟提起前に、担当教師がＸの長男に対して行った行為を確認し、Ａ市教育委員会に対し、Ｘの長男のＰＴＳＤの原因が担当教師による暴力行為であったことを認めさせることをまず予定していたものと認められるから、Ａ市教育委員会に対して送付された上記質問書に、事業収益の減少に伴う損害賠償請求をする旨の記載がなかったとしてもあながち不自然であるとはいえない。

また、Ｘは、実際にはＡ市を被告とする事業収益の減少に伴う損害賠償請求訴訟を提起してはいないところ、Ｘが税務署長に提出した書面によれば、担当教師に対する事情聴取が終わった段階で、ＸとＡ市教育委員会との間の交渉は終了したことが推認され、その後は、Ａ市に対し、具体的な金額を提示した損害賠償請求がされなかった可能性が高いから、Ｘが弁護士に委任した事項が事業収益の減少に伴う損害賠償請求訴訟の提起を内容とする交渉であったとしても、上記の照会・回答書の記載内容とは必ずしも矛盾するものとはいえない。

むしろ、Ｘは、本件訴訟まで一貫して、弁護士に委任したのは、事業収入の減少に伴う損害賠償請求訴訟提起である旨主張していることに照らすと、本件調査時の聴取書における本件弁護士費用は、Ｘの長男が小学校の担任から暴力を受けたことに関してＡ市教育委員会を訴えるために弁護士に支出した費用である旨の記載は、不正確なものといわざるを得ない。

(3)　以上によれば、本件弁護士費用は、Ｘが主張するとおり、Ａ市に対し、本件各業務に係る売上げの減少による損害賠償を求める訴訟を提起すること及びそのための事前交渉を弁護士に委任した際の着手金である旨認める（※下線筆者）のが相当であり、Ｘの必要経費と認めるのが相当である。

4　本件雑費

　本件雑費で購入した服飾品等は、一般には、家事費に該当するところ、Xはその必要性について、具体的な根拠を明らかにしていないから、本件各業務の遂行上、客観的に必要であるとは認め難い。（※下線筆者）

（調査に役立つ基礎知識）

1　必要経費とは？

　必要経費とは、所得を得る上で直接間接に必要とされる諸費用のことであり、何らかの意味で業務と関連性をもった支出を意味する。しかし、業務との関連性をたどると、その連鎖が果てしなく広がり、衣食住費を含む生活費等の家事費についても、それを欠くときは所得が得られないという意味においては、家事費全てが必要経費に該当するということになりかねない。

　一方、個人は、消費生活を営んでおり、衣食住に関する支出をはじめとして、その社会的、文化的生活において支出する家事費は、所得の享受、処分という性質をもつものであって、収入を得るために支出される費用には該当しない。

　実際には、支出した金額の全てについて、必要経費と家事費との区別が明確になっているわけではなく、ある支出が、必要経費に該当するか否かについては、業務との関連性からだけでなく、家事費との両面からアプローチし、どちらの領域に属する支出かを総合的に判断する必要があり（※下線筆者）、その意味から、所得税法は、37条1項（必要経費）及び45条1項（家事関連費等の必要経費不算入等）について規定している。

2　所得税法37条1項（必要経費）について

　必要経費について、所得税法37条1項は、「総収入金額に係る売上原価その他当該総収入金額を得るために直接に要した費用の額」（個別対応の必要経費）と「販売費、一般管理費その他これらの所得を生ずべき業務について生じた費用」（一般対応の必要経費）とを規定している。

　個別対応の必要経費と一般対応の必要経費は、収入との関連性に違いがあるが、個別対応の必要経費は、売上原価のように特定の事業上の収

入との間に直接的な対応関係があるため、収入との関連は明確であり、通常、問題となる事態は生じない。

　一般対応の必要経費は、「業務について生じた費用」であると規定されていることから、この点の解釈について意見が分かれている。

3　裁判例における「業務との関連性」

　青森地裁昭和60年11月5日判決（控訴審である仙台高裁昭和61年10月31日判決、及びその上告審である最高裁昭和62年7月7日第三小法廷判決において維持されている。）は、「必要経費として総所得金額から控除されうるためには、客観的にみてそれが当該事業の業務と直接関係をもち、かつ業務の遂行上通常必要な支出であることを要し、その判断は当該事業の業務内容など個別具体的な諸事情に即し社会通念に従って実質的に行われるべきである。」と、業務との関連性について「直接」関係をもつことが必要である旨判示している。

　一方、東京高裁平成24年9月19日判決（その上告審である最高裁平成26年1月17日第二小法廷決定により確定）は、「ある支出が業務の遂行上必要なものであれば、その業務と関連すものでもあるというべきである。それにもかかわらず、これに加えて、事業の業務と直接関係を持つことを求めると解釈する根拠は見当たらず、『直接』という文言の意味も必ずしも明らかではない」旨判示し、業務との関連性において「直接」関係を持つことまでは求めていない。（※下線筆者）

　いずれにしても、事業所得の必要経費該当性の判断に当たっては、当該事業の業務内容との関連性を踏まえ、個別具体的な諸事情に則し社会通念に従って実質的に行う必要がある。

4　訴訟・係争費用について

　特殊な費用である訴訟・係争費用については、その訴訟原因との関連で必要経費該当性を検討する必要があることから、所得税基本通達37-25は、業務の遂行上生じた紛争又は業務の用に供されている資産につき生じた紛争を解決するために支出した費用は必要経費に該当する旨定めている。

　一方、訴訟目的との関連については、特に通達等に規定はない。これは、

訴訟が提起された場合には、訴訟の趣旨が明らかになり、業務との関連がある程度明確になることから、特に通達等の規定がなくとも、必要経費該当性についての判断が可能になるため（※下線筆者）と考えられる。

（本件判決について）

1　本件弁護士費用について

　本件弁護士費用に係る紛争の発端は、Ｘの長男が小学校の担任教師から暴行を受けたことにあり、Ｘの業務の遂行上生じた紛争又は業務の用に供されている資産につき生じた紛争を解決するために支出した費用には該当しないため、訴訟原因との関連においては、所得税基本通達37－25に規定する必要経費には該当しない（※下線筆者）。

　一方、その訴訟目的との関連については、ＸからＡ市に対して、実際には損害賠償請求訴訟が提起されていないため、明確にはなっていないが、この点について、本判決は、「事業の休業損害賠償請求訴訟を予定した交渉案件につき、その着手金」を受領した旨記載された「弁護士事務所のゴム印と弁護士本人の印章」が押印された確認書（以下「本件確認書」という。下記「参考」参照。）を極めて重視した事実認定を行い、（※下線筆者）訴訟目的が業務に関連するとして、本件弁護士費用は、必要経費に該当すると判断している。

　本件確認書は、作成されたのが原処分後の審査請求の段階であり、Ｘが、Ｘの主張に沿うように作成した内容のものに、弁護士が、顧客であるＸの求めに応じて記名・押印したと考えられることからすると、本件確認書を重視した裁判所の事実認定には疑義が残る。

　一方、国側は、①原処分調査時に、Ｘがその内容を確認した上で署名・押印した「聴取書」において、「Ｘの長男が小学校の担任教師から暴力を受けたことに関してＡ市教育委員会を訴えるために弁護士に支出した費用である」旨述べていること、②ＹからのＡ市教育委員会に対する照会に対し、Ａ市教育長は、「Ｘから事業収益が減少したことによる損害賠償請求を受けたことがない」旨回答していること、また、③弁護士が、Ａ市教育委員会に対して提出した質問書には、弁護士のＸからの受任事項として、「Ｘの長男が、担当教師から暴力的な態度や不適切な発言を

されたために、「精神的苦痛を受けた件」と記載されており、収益の減少による損害賠償については一切記載されていないこと、などについて、それぞれ証拠を提出し、業務との関連がないことを主張した（※下線筆者）が、判決では全て否定されており、国側が提出した証拠の評価及び事実認定には疑義が残る。

　本判決には、上記のような疑義があるが、課税庁としては、関係機関と協議の上、本件確認書の記載内容を否定できない以上、上訴しても、本判決の判断を覆すことは困難であるとの結論に至ったものである。

　今後、本判決を調査に生かすに当たっては、家事費と思われる支出であっても、納税者が業務に関連があると主張する可能性がある場合には、納税者にその支出の目的を確認した上で、業務との関連性の有無について聴取書等により証拠化する必要がある。（※下線筆者）

（参考）

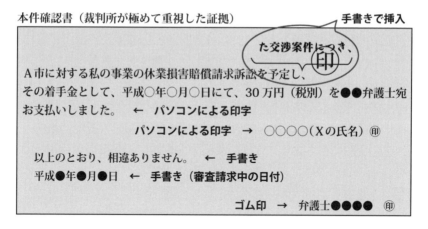

本件確認書（裁判所が極めて重視した証拠）

2　本件地代家賃等について

　必要経費の要素と家事費の要素が混在している家事関連費について、所得税法施行令96条１項は、家事関連費の主たる部分が業務の遂行上必要であり、かつ、その必要である部分を明らかに区分することができる場合には、当該部分を必要経費に算入し、同条２項は青色申告者については、家事関連費のうち取引の記録等に基づいて業務の遂行上直接必要であった部分を明らかに区分できる場合には、主たる部分でなくとも、

その部分を必要経費に算入する旨規定している。

　さらに、所得税基本通達45-2は、主たる部分について、その支出する金額のうち当該業務の遂行上必要であるかは、その支出する金額のうち必要な部分が50％を超えるかどうかにより判定するものとしながら、50％以下であっても、その必要な部分を明らかに区分することができる場合には、必要経費に算入して差し支えない旨定めている。

　本判決においても、家事関連費のうち必要経費に算入することを認めるためには、当該金額が、①事業所得等を生ずべき業務の遂行上必要であること、及び②その必要な部分の金額が明確に区分されていることの二つの要件を満たしていれば足りる旨判示しており、本件地代家賃等については、本件各業務の遂行上必要な部分を明確に区分することはできないから、事業所得の計算上必要経費に算入することはできないと判示している[7]。

○所得税法37条1項（必要経費）と所得税法45条1項（家事関連費）
　との関係

個人が支出した費用		
業務上の費用	家事関連費	家事費
必要経費になる	必要経費にならない	

　「今後、本判決を調査に生かすに当たっては、家事費と思われる支出であっても、納税者が業務に関連があると主張する可能性がある場合には、納税者にその支出の目的を確認した上で、業務との関連性の有無について聴取書等により証拠化する必要がある。（※下線筆者）」

　本書は税務調査対応を主題としていないため聴取書について言及しません。それ以前に、支出の目的を明らかにしておくことが重要です。本件では上掲「○参考」にあるような本件確認書の真偽について当局は非

7　青森地裁昭和60年11月5日判決、東京高裁平成24年9月19日判決、注解所得税法（五訂版）当該箇所

常に穿った見方をしています。支出の目的を明らかにし、本件確認書の
ような後日修正は、実務では一切しないことを意識します。本件確認書
のような簡単にバックデイトで作成、修正ができるものは（この裁判官
の判断は異なったようですが、）原則として一切、証拠になりえません。

　なお、本件のそれ以外の論点に関しては必要経費按分や「本件各業務
は、マルチ・レベル・マーケット業（個人の販売代理店を多段階に集め
て営業活動を行う業態）であるから、代理店や顧客と面会する際には、
芸能人並みに服装、服飾品や車両に多額の費用をかけなければ売上げが
上がらない。したがって、本件雑費は、事業所得の金額の計算上必要経
費に算入することができる。」といった通常の税実務感覚では指摘項目
になることが明確になっているものばかりで、社会通念（＝常識、経験
則）から当初申告で判断できるものばかりです。

　こういった雑費を必要経費算入（法人においては損金算入）するよう
な手法が研修、セミナーベースではあるようですが、本書では性質とし
て一切、当該手法の是非等々について触れません。

重要情報2

○令和4年3月4日公開裁決[8]

　請求人が支出したデジタルWEBコンテンツの購入代金等の中には、
当該コンテンツの販売のあっせん活動に不可欠と認められる部分の支出
があり、当該支出は、客観的にみて、請求人の事業所得を生ずべき業務
と直接関係を持ち、かつ、業務の遂行上必要な費用であったといえるか
ら、事業所得の金額の計算上必要経費に算入することができるとした事
例

（ポイント）

　本事例は、デジタルWEBコンテンツの購入代金等のうち、当該コン
テンツの販売のあっせん活動に不可欠と認められる部分の支出につい
て、事業所得の金額の計算上必要経費に算入することができると判断し
た事例である。

---

8 https://www.kfs.go.jp/service/JP/126/01/index.html

（要旨）

　請求人は、連鎖販売取引の方法によりデジタルWEBコンテンツの販売のあっせんを事業（本件事業）として営んでおり、請求人が支払ったデジタルWEBコンテンツの購入代金等（本件支出）は、本件事業を行い、本件事業に係る収入を得るためのものであり、事業所得を生ずべき業務と直接関係を持ち、かつ、業務の遂行上必要な支出であることから所得税法第37条《必要経費》第1項に規定する必要経費に該当する旨主張する。

　しかしながら、デジタルWEBコンテンツの購入は、その交換価値が上昇することにより将来的に利益が得られる投機目的にあったと考えられる。もっとも、本件事業を行うためには、デジタルWEBコンテンツの販売会社の会員として会員登録をして会員IDを取得する必要があり、会員IDを取得するためには、デジタルWEBコンテンツを購入しなければならなかった。そして、デジタルWEBコンテンツの購入が連鎖販売取引の特定負担として位置付けられていたことからすると、当該購入にはデジタルWEBコンテンツの販売のあっせん活動に不可欠な会員IDを取得するための条件が含まれていたといえる。そうすると、本件支出のうち、会員IDを取得するためにした支出は、客観的にみて本件事業と直接関係を持ち、かつ、本件事業の遂行上必要な費用であると認められるので、本件支出のうち当該部分は、所得税法第37条第1項に規定する必要経費に該当する。

《参照条文等》

　所得税法第37条第1項

第Ⅲ章

居住実態
に係るエビデンス

Ⅲ―1　居住地判定に係るエビデンス

> **Q** 居住地判定について当局調査におけるエビデンスの基本的考え方を教えてください。

A　住民登録や在留資格等といった単一の内容で判断することなく、下記の判決が示すように、その者の職業、住居、家族の居住の状況、資産の所在地等を総合的に勘案して判断していく必要があります。

　そのため、下記の裁判例の事実認定の真逆の「実態」を疎明する必要があります。本シリーズの〈法人編〉の分掌変更でも否認された事例の「真逆の実態」について疎明すればよいと検証しましたが、イメージとしてはそれと同様です。

【解　説】

　次の情報が参考となります。

重要情報

○その他行政文書　調査に生かす判決情報012

情報　調査に生かす判決情報ｉｓｓｕｅｄ；012　平成19年10月　証拠収集の重要性（その４）！－意識しよう、証拠の存在。認識しよう、証拠の重要性－東京地裁平成19年４月11日判決（国側勝訴・確定）　東京国税局課税第一部国税訟務官室

《ポイント》

　「住所」たる生活の本拠の判定方法は？

　そのために収集すべき必要な確認書類は？

▼　証拠収集の重要性

　平成19年４月、東京地裁民事第３部で、所得税の課税範囲を巡り、納税者の住所が日本国内、国外、いずれにあるかが争われた事件について判決が下された。裁判所は、その中で、当該納税者の住所がどこにあ

るかは、出国という事実のみならず、その他の要因も含めたところで総合的に判断すべきとの判断を示しており、課税庁としては、調査対象者の住所の所在地の判定に当たっては、その判断材料となる事実を積み上げ、更にこれを証明する証拠を収集し、蓄積・整理して事後の訴訟等に対応する必要がある。

　本情報は、当該判決を一つの機会として、各調査担当者が証拠収集等の重要性を再認識されんことを期待して発信するものである。

▼　居住形態の判定の重要性

　我が国の所得税法は、個人の住所等によって、当該個人を居住者か非居住者か、また、非永住者か非永住者以外の居住者（以下「永住者」といい、以下、いずれに該当するかの判定を「居住形態の判定」という。）かに区分し、その区分ごとに、各々、課税範囲を異にし、また、課税の方法も異にしている。このため、特定の納税者について、その居住形態の判定を行うことは、適法な課税処分を実施する上で非常に重要性のあるものである。

▼　住所（生活の本拠）の有無の判断（判決要旨）

　日本に住所を有していたか否かは、日本から出国したという事実のみならず、その者の職業の有無及びその内容、その者の住居、その者と生計を同一にする家族の居住の状況、資産の有無等を総合的に考慮して、その者が日本に生活の本拠を有していたと評価できるか否かによって決すべき（※下線筆者）である。

（事件の概要）

　本件は、以下のような事実関係において、原告が平成12年12月の出国日以降、同年中に米国で支払を受けた所得に対し、日本で課税できるか否かを主な争点として争われた事件である。

①　平成6年11月、原告は日本法人甲社の代表取締役として勤務するため日本に入国し、以後、継続して日本に滞在していた。

②　平成10年4月、原告は米国法人S社に雇用され、その関連会社である日本法人乙社の代表取締役として出向・勤務した。

③　平成12年9月、乙社が同本法人丙社を完全子会社化したことに伴

い、原告は、乙社の代表取締役を辞任し、同日、丙社の代表取締役に就任した。

④　平成12年12月、原告は外国人登録を閉鎖して香港に向け出国（後、米国ユタ州に居住。以下「本件出国」という。）するとともに、同日付けで丙社の代表取締役を辞任した。

　なお、原告の家族は子供の通学の事情から、原告の出国後も、引き続いて、原告の出国前の地に居住した。

⑤　平成12年12月、原告は米国法人Ｎ社と雇用契約を締結し、遅くとも契約締結日までには、Ｎ社との間で、平成13年夏までには日本に常駐してＮ社の日本担当マネージング・ディレクターとして活動することができるようにする旨の合意を締結したと認められる。

⑥　平成12年12月、原告は、米国内でＮ社から支度金として50万ドルの支払を受けた。

⑦　平成13年3月、原告は、平成12年12月の出国日以降非居住者に該当することとなり、上記支度金は国外源泉所得であるため日本での課税所得には含まれない、とする内容の平成12年分所得税の確定申告を行った。

⑧　平成13年6月、原告は、その子供が通学するＡ校の理事に再任され、同月、理事長に就任した。

⑨　平成13年6月、原告の家族は、外国人登録を閉鎖して日本を出国し、これに伴って、同月中に原告の家財及びその他の家財も米国に向けて配送された。

⑩　平成13年8月、原告は家族とともに再び日本に入国し、同年9月、原告は出国前の居住地を住所として外国人登録を行ったほか、原告の家族も翌14年2月、同所を住所として外国人登録を行った。

　なお、原告は本件出国以降今回の入国までの254日間中、11回にわたって日本での短期滞在を繰り返しており、その滞在日数の合計は110日間に及んだ。

⑪　平成15年6月、課税庁は、原告が平成12年12月の出国後も引き続き居住者に該当するとして、平成12年分の所得税について更正処分

及び加算税の賦課決定処分を行った。

⑫　原告は、これを不服として適法な不服申立て手続を経た後、平成17年２月28日、本訴を提起した。

（裁判所の判断要旨（居住形態の判定に関して））

1　日本に住所を有していたか否かは、日本から出国したという事実のみならず、その者の職業の有無及びその内容、その者の住居、その者と生計を同一にする家族の居住の状況、資産の有無等を総合的に判断して、その者が日本に生活の本拠を有していたと評価できるか否かによって決すべきである。

2　裁判所が認定した事実によれば、

①米国法人Ｎ社は、当初から原告の日本における経歴等に着眼し、原告が東京事務所の一員として活動することを予定していたと推認できるほか、原告とＮ社との雇用関係に関する合意の内容をみても、両者が雇用契約を締結するまでには、当初は米国において雇用されるものの、その活動はあくまでも日本国内を中心として行われることが期待されていたものであり、現に、原告は、平成13年８月に日本に入国してＮ社のための活動を本各化（ママ）させたと認められるほか、それ以前にも日本に頻繁に来日して、Ｎ社のため活動を行っていたと認められるのであるから、本件出国は、将来原告が再び日本で活動するまでの一時期、暫定的なものにすぎなかったと評価することが相当である（※下線筆者）こと、

②原告の住居について、本件出国以後においても、当該住居は原告及び原告の家族のため従前どおり維持されていたというべき（※下線筆者）であり、原告も平成13年８月の再来日後はもとより、それ以前においても、原告の家族が出国して家財道具を米国向けに配送する以前には、来日した際には当該住居を自らの住居として利用していたことが認められること、

③原告は、本件出国にかかわらず、早晩日本に戻って当該住居で生活することを予定しており、その故に原告は平成13年６月にＡ校の理事長という要職に就任したものと理解することが自然というべき（※下

線筆者）であること、

④原告の家族は、本件出国後も平成13年６月、Ａ校の学期が終了する
まで、本件出国前の原告の住居において生活を営んでいた（※下線筆
者）のであり、原告が扶養する家族の居住状況には本件出国後も何ら
変動がなかったというべきであること、

⑤原告の家族は、平成13年６月、米国に向けて出国しており、原告ら
の家財も一旦米国ユタ州に配送されたことが認められるものの、原告
とＮ社との雇用関係に関する合意内容をみると、原告の家族が再び日
本に戻って生活することは当初から予定されていたとみるべきであ
り、現に、原告の家族は原告とともに、Ａ校の新学期に合わせて、同
年８月に日本に入国し、その後引き続いて当該住居で生活するように
なったことから、当該住居における原告の家族の生活状況は、原告の
本件出国後も何らそれ以前と変わりがなかったとみるべき（※下線筆
者）であること、等の評価がなされる。

3　これら、原告とＮ社の雇用関係の内容、原告および原告の家族の入
出国状況、本件出国前の原告の住居の利用状況等に照らすと、原告の
生活の本拠は本件出国によってもなお原告の当該住居にあったと認め
られるから、原告は、本件出国後も、なお居住者に該当するというべ
きである。

（調査に役立つ基礎知識）

（中略）

⑶　居住形態の判定の重要性

したがって、個人の納税者に関して、居住形態の判定を的確に行うこ
とは適正な課税処分を実施する上で非常に重要な意味合いがあるもので
あり、外国籍を有する納税者、あるいは入出国を頻繁に繰り返している
納税者、海外に居住する親族、特に配偶者を有する納税者等に対しては、
最低限、その者の居住形態の判定に必要な資料情報は収集しておき、誤
りのない判定を行った上、事後の訴訟等にも耐えうる証拠の蓄積を図っ
ておく必要があります。（※下線筆者）

2　住所（生活の本拠）の有無の判定方法

　意図的に住所が国外にあるとして申告してくる納税者や国の内外にわたって居住する場所を移動する納税者、配偶者が特段の理由もなく海外に居住している納税者等について、当該納税者の生活の本拠はどこにあるのか、国内にあるのか、国外にあるのか、その判定は非常に難しい場合が多いと思われます。

　この点に関し、神戸地裁昭和60年12月2日判決は「所得税法の解釈適用上当該個人の本拠がいずれの土地にあると認めるべきかは、租税法は多数人を相手方として課税を行う関係上、便宜、客観的な表象に着目して画一的に規律せざるを得ないところ」とした上で、「客観的な事実、即ち住居、職業、国内において生計を一にする配偶者その他の親族を有するか否か、資産の所在等に基づき判定するのが相当である」と判示し、その控訴審である大阪高裁昭和61年9月25日判決、更にその上告審である最高裁第二小法廷昭和63年7月15日判決もその判断を支持しているところであります。

　本件判決（東京地裁平成19年4月11日判決）においても、上記神戸地裁判決と同様の判断を示しており、すなわち、「日本に住所を有していたか否かは、原告が本件出国をしたという事実のみならず、原告の職業の有無及びその内容、原告の住居、原告と生計を同一にする家族の居住の状況、資産の有無等を総合的に考慮して、原告が日本に生活の本拠を有していたと評価できるか否かによって決すべきである」と判示しております。

　このため、今後、課税処分を実施するに当たり、特定の納税者の生活の本拠がどこにあるかについては、<u>住民登録や在留資格等といった単一の内容で判断することなく、上記判決が示すように、その者の職業、住居、家族の居住の状況、資産の所在地等を総合的に勘案して判断していく必要（※下線筆者）</u>があります。

3　収集・保管すべき確認書類[9]

---

9 原本において、「以下に示すような証拠」については、一切ブラックアウト（伏字）されており、本書では削除しています。

　本件を例にとって、「下記の裁判例の事実認定の真逆の「実態」を疎明する必要があります。シリーズ〈法人編〉の分掌変更でも否認された事例の「真逆の実態」について疎明すればよい、と検証しましたが、イメージとしてはそれと同様」を考慮すると下記が考えられます。

　①米国法人Ｎ社は、当初から原告の日本における経歴等に着眼し、原告が東京事務所の一員として活動することを予定していたと推認できるほか、原告とＮ社との雇用関係に関する合意の内容をみても、両者が雇用契約を締結するまでには、当初は米国において雇用されるものの、その活動はあくまでも日本国内を中心として行われることが期待されていたものであり、現に、原告は、平成13年８月に日本に入国してＮ社のための活動を本各化（ママ）させたと認められるほか、それ以前にも日本に頻繁に来日して、Ｎ社のため活動を行っていたと認められるのであるから、<u>本件出国は、将来原告が再び日本で活動するまでの一時期、暫定的なものにすぎなかったと評価することが相当である</u>（※下線筆者）こと、

→

・雇用契約、就業規則の確認

・就業実態　勤務先とどのような条件下で出国するのか、そもそも出国すべき必然性があったかに関する社内稟議書、メモ等々

　②原告の住居について、<u>本件出国以後においても、当該住居は原告及び原告の家族のため従前どおり維持されていたというべき</u>（※下線筆者）であり、原告も平成13年８月の再来日後はもとより、それ以前においても、原告の家族が出国して家財道具を米国向けに配送する以前には、来日した際には当該住居を自らの住居として利用していたことが認められること、

→

・家族（親族）関係の居住実態

・通常勤務先とで家族の「世話、面倒」について別途取り決めがあるは

ずだから、それに係る稟議書等々、就業規則に記載されている場合も
あり

　③原告は、本件出国にかかわらず、早晩日本に戻って当該住居で生活
することを予定しており、その故に原告は平成13年６月にＡ校の理事
長という要職に就任したものと理解することが自然というべき（※下線
筆者）であること、
→
・居住を前提とした将来的行為を慎むこと、これは証拠ではなく、将来
　事象であるから、「しないこと」「海外在住を前提としているのでそも
　そも不可能であること」を疎明することになります。

重要情報２

　居住地判定の事案で具体的な証拠が言及されている判決もあります。
○その他行政文書　調査に生かす判決情報060
情報　調査に生かす判決情報第60号　平成28年６月　〜判決（判決速
報№1395【源泉所得税】）の紹介〜　東京国税局課税第一部国税訟務官
室
《ポイント》
　1　米国居住者の生活状況等の立証方法例
　2　源泉徴収義務者が受給者について行うべき確認の内容
（事件の概要）
1　Ｘ社（原告会社）は、訴外Ａから国内にある甲土地及び乙建物を取
　得し、その譲渡対価を支払った際に源泉徴収をしなかった。
2　Ｙ（課税庁）は、Ａは米国籍氏名を持つ非居住者であり、当該譲渡
　対価は国内源泉所得に該当するからＸ社は当該譲渡対価の支払につき
　源泉徴収義務を負うとして、源泉所得税の納税告知処分を行った。
3　Ｘ社は、
　①　Ａは国内に戸籍上の本籍地を有し、住民票等の公的書類にも乙建
　　物所在地が住所として記載されていたなど、居住者であると認めら

　れるからＸ社に源泉徴収義務はなく、

　②　仮にＡが非居住者であるとしても、Ｘ社は通常行うべき注意義務を尽くした上でＡが非居住者ではないと確認したということができるから、Ｘ社は本件において源泉徴収義務を負わないなどとして、同処分の取消しを求めた。

（本件の主な争点等）

1　Ａは、所得税法上の「非居住者」に該当するか否か。

2　Ｘ社は、源泉徴収義務者として、受給者が非居住者であるか否かにつき確認すべき義務（注意義務）を尽くしていたか否か。

（裁判所の判断等）

1　Ａは、所得税法上の「非居住者」に該当するか否か（争点１）について

　　Ａが、①米国において、米国籍及び社会保障番号を取得しており、日本国内には米国発給の旅券を用いて入国していること、②平成10年以降、多くて年４回日本に入国しているものの、その滞在期間は１年の半分にも満たないこと、③平成12年11月に米国内に住居を購入し、平成13年以降は同住居で長男と同居して生活していたことに鑑みれば、不動産の引渡日と同日である譲渡対価の支払日において、Ａは米国に住所を有していたと認められ、また、Ａが同日まで引き続いて１年以上日本国内に居所を有していなかったことは明らかであるから、Ａは、所得税法上の「非居住者」であったというべきである。

2　Ｘ社は、源泉徴収義務者として、受給者が非居住者であるか否かにつき確認すべき義務（注意義務）を尽くしていたか否か（争点２）について

　　居住者、非居住者のいずれに当たるかは、客観的な事情を総合勘案して判断されるべきものであり、本件では譲渡対価をＡの依頼に応じて米国内の金融機関口座に送金していること、送金先口座名義人の名前がＡの米国籍氏名であったこと、送金依頼書にＡの住所としてＡの米国の住所が記載されていたこと等に鑑みれば、Ｘ社は、Ａが非居住者である可能性をも踏まえて、Ａに対し、その具体的な生活状況等（例

えば、Aの出入国の有無・頻度、米国における滞在期間、米国における家族関係や資産状況等）に関する質問をするなどして、Aが非居住者であるか否かを確認すべき注意義務を負っていたというべきであり、上記の事実関係の下においては、X社がAの住民票等の公的な書類を確認したからといって、そのことのみをもって、X社が、Aが「非居住者」であるか否かを確認すべき注意義務を尽くしたということはできない。(※下線筆者)

（国税訟務官室からのコメント）

1　争点1について

(1)　所得税法2条1項3号に規定する「住所」の意義

　(中略)

　同号の住所の意義について、所得税法は明文の規定を設けていないが、民法は、その22条において、「各人の生活の本拠をその者の住所とする。」と規定しているところ、所得税法に規定する「住所」についても、反対の解釈をすべき特段の事由はない以上、「生活の本拠、すなわち、その者の生活に最も関係の深い一般的生活、全生活の中心を指すものであり、一定の場所がある者の住所であるか否かは、客観的に生活の本拠たる実体を具備しているか否かにより決すべき」（最高裁平成23年2月18日第二小法廷判決・裁判集民事236号71頁）である。

　そして、生活の本拠たる実体を具備しているか否かを判断する際には、①その者の所在、②職業、③生計を一にする配偶者その他の親族の居所、④資産の所在等の客観的事実に基づき総合的に判定すべきと解されている（東京地裁平成25年5月30日判決・裁判所ウェブサイト）。

(2)　Aの住所の判断等に当たり、国税訟務官室で収集した証拠

　イ　Aの住所の判断に当たり、原処分時に収集した証拠は

　　①Aの兄の聴取書、

　　②Aの出入国記録、

　　③IRS（米国の内国歳入庁）に所得税申告状況等について照会して得た、Aの米国社会保障番号取得の事実、

　　④米国内の電話番号検索結果（世帯情報として、A以外の2名の氏

　　名も記載されている）、

　　⑤Ａの米国住居に係る固定資産評価情報等（※下線筆者）

であった。

ロ　上記イの②（Ａの出入国記録）からは、「Ａが日本に滞在していなかった期間」が分かるものの、Ａの生活の本拠、すなわち住所が日米のいずれであったかが直接的に明らかにされるものではない。したがって、Ａの米国内における生活状況から、Ａの米国住居が、「客観的に生活の本拠たる実体を具備している」ことを立証する必要があった。（※下線筆者）

ハ　Ａの米国内における生活状況については、上記イの①（Ａの兄の聴取書）において、Ａが米国に渡航した経緯、米国内で米国人と婚姻し、長男及び長女の２児をもうけたこと、米国住居の購入及び長男と同居していること等が述べられていたが、夫、長男及び長女の氏名の記載はなく、長男と同居していることについても、「長男と２人で生活をしているはずだと思います。」という答述にとどまっていた。

　　そこで、訴訟遂行に当たって、Ａの米国内における生活状況等について、以下の証拠を収集した（なお、これらの証拠は、通常の税務調査の過程でも収集することが可能なものである。）。（※下線筆者）

①　Ａの義姉（Ａの兄の妻）の質問応答記録書

　義姉は、国税不服審判所に対して、Ａの生活状況等に関し答述しているところ、訴訟において改めてＡの義姉の答述を録取するとともに、更に具体的な答述を得てこれを国側の証拠とするため、義姉と面談し、質問応答記録書を作成した。

　これにより、Ａが乙建物に滞在している間、同居人はいなかったこと、夫が死亡していること、夫、長男及び長女の名ないし愛称、米国の住居でペットを飼育しており、Ａが日本に滞在している間は、長男がペットの面倒を見ていること、米国において、ネバダ州に住居を購入する以前はカリフォルニア州に住んでいたこと等が判明（※下線筆者）した。

②　夫の墓情報（インターネット情報）（※下線筆者）

　インターネットで■■■■■■■を基に検索したところ、■■■■■■■■■■■■■■■■■■■■■■■■■■■にアクセスでき、夫であるＢの墓情報が入手できた。同情報には、■■■が掲載されていた。

　これにより、原処分時に収集したＡの兄の聴取書及び上記①の義姉の質問応答記録書の答述内容を補充し、裏付けた。また、原処分時に収集した上記イ④（米国内の電話番号検索結果）に世帯情報として記載された、Ａ以外の２名の氏名は、Ｂ及び長男のものであることを確認した。【サイト名　■■■■■■■■■■■■■■■■■■■■■■】（※下線筆者）

③　Ａの米国内における住所移転履歴（■■■■■■■■）

　■■■■■■■■■■■■■■■■■■■■■■■■■■■■において、■■■■■■■を基に検索したところ、Ａ、Ｂ、長男及び長女の米国内における住所地の履歴を入手した。

　この検索結果により、Ａがネバダ州に住居を購入して居住する以前にカリフォルニア州に住んでいたこと、平成13年以降、Ａと長男の住所が同一であり、Ａが長男と同居していること（Ａの兄及び義姉の答述内容）が裏付けられた。

　【サイト名　■■■■■■■■■■■■■■■■■■■■■■■■■■】（※下線筆者）

④　Ａの所有に係る米国内不動産の譲渡証書情報（■■■■■■■■）

　■■■■■■■■■■■■■■■■■■■（上記③）において、Ａが所有する、又は過去に所有していた不動産の譲渡証書情報を入手（※下線筆者）した。

　この検索結果により、Ａが米国ネバダ州に住居を購入する以前にも、米国内で住居を購入したことがあるという事実が判明し、上記③の住所移転履歴と併せ、米国内に継続的居住の実体があることを立証した。

⑤　Ａの所有に係る米国内不動産の譲渡情報（インターネット情報）（※下線筆者）

　　上記④により判明した不動産について、■■に掲載されている当該不動産の譲渡情報を入手した。

　　これにより、■■■■■■■■■が提供する譲渡証書情報が客観的事実に基づく正確なものであることを立証した。

⑥　　AとBが合有で所有する米国内の不動産の課税情報（インターネット情報）（※下線筆者）

　　インターネットで■■■■■■■■を基に検索すると、（※下線筆者）上記④の検索結果に表示されない不動産の所在地情報の一部がヒットしたため、改めて■■■■■■■■で当該所在地の不動産を検索したところ、AとBが合有で所有する不動産があること及び■■■■■■■■■■■■■■■■■■■■を把握した。

　　そこで、■■■■■■■■■■■■■■■■■■■■■■■■■■で、■■■■■■を基に検索し、当該不動産に係る課税情報を入手した。これにより、Aが米国内において、住居以外にも資産を保有しているという事実を立証した。

(3)　本判決から見た証拠収集の重要性

イ　上記(2)ロで述べたとおり、Aの出入国記録のみでは、「Aが日本に滞在していなかった期間」が分かるものの、Aの生活の本拠が米国にあったというには十分ではなかったが、Aが昭和27年に米国に最初に渡航した以降の生活状況等について、原処分時に収集した証拠に訴訟遂行中に収集した証拠を加えて詳細に述べることで、本判決では、Aが、平成12年頃以降、「日本に滞在しているときを除けば、米国の住居で生活し」ていたことが、認定事実とされ、Aの生活の本拠は米国の住居である旨判示された。

　　今回、国側が主張したAの生活状況等に係る証拠の中には、個々にみれば、それのみではAの居住性判断の根拠としては弱いと考えられるもの（Bの墓情報や、Aが過去に所有していた不動産の情報等）もあるが、Aの米国における生活状況等に係る種々の証拠を積み上げ、それらを総合することにより、「Aの米国の住居が客観的に生活の本

拠たる実体を具備している」との認定に至ったと考えられる。（※下線筆者）

ロ　本件の訴訟遂行に当たって国税訟務官室が収集した証拠は、上記⑵ハのとおりであるが、これらの証拠のうち、同②ないし⑥は、いずれもインターネット上の公開情報ないしデータベース検索システムにより収集したもの（※下線筆者）である。

　　ある個人が非居住者である、すなわち、生活の本拠が海外にあるとして納税告知等の処分を行う場合に、海外での生活状況等を立証することは、国内での生活状況等の立証に比して困難であるとも考えられるが、通常行われる出入国記録の照会や外国税務当局への情報提供依頼に加え、ＩＣＴを活用した間接事実の積み上げにより海外の生活状況等を立証していく手法は極めて重要（※下線筆者）である。

　　本件は、今後の実務の参考になると思われる。

ハ　調査に当たっては、日頃より、的確な証拠の収集・保全の重要性が指摘されてきたところであり、処分の根拠となる課税要件事実に関する証拠収集には万全を期す必要がある。

　　そして、課税要件事実の存否を立証するに足る十分な証拠がない場合等には、関係者の質問応答記録書を作成して課税要件の立証を行うこととなるが、その答述内容のうち、特に事実関係については、可能な限り客観的な証拠で裏付けを行うことが必要である。

2　争点2について

⑴　非居住者等（非居住者又は外国法人）に対し、国内に存する土地等の譲渡による対価（政令で定めるものを除く。）の支払をする者（支払者）は、その支払に際し、源泉徴収義務を負うとされる（所得税法161条1号の3、同法212条1項）。

　　したがって、支払者は、源泉徴収義務の発生の有無を判断するに当たり、相手方（受給者）が非居住者であるか否かを確認すべき義務を負うが、この「義務」の程度・内容について、明文の規定は存しない。（※下線筆者）

⑵　過去の裁判例では、東京高等裁判所平成23年8月3日判決（裁判

所ウェブサイト及び税務訴訟資料261号順号11727・原審東京地裁平成23年3月4日判決）は、この点につき、売主が「非居住者」等に該当するか否かという事実は、不動産の引渡し等の後の売主の担保責任や、契約締結時には想定しなかった事項・事態への対応等の「売買契約の目的を完全に達するために必要な事項に関連するものであるから、

○買主において調査確認等

例えば、

・売主の住所

・居所を知るための調査確認等としては、売買契約書の作成

・不動産登記事項証明書の確認

・売主からの委任状及び印鑑登録証明書等の入手

・売主への直接確認等

をすることが予定されているということができる」旨判示し、源泉徴収義務者が具体的に調査確認すべき事項の例示を示した（上記判決は、最高裁平成24年9月18日第三小法廷決定により維持されている。）。

(3)　本件においてX社は、上記東京高等裁判所判決を引用し、同判決が判示した調査確認方法の例示を全て行っている旨を主張していたが、「売主への直接確認」については、X社の営業担当者が、Aに対し、端的に「居住者」に当たるか否かを尋ねたというものであり、居住者とはどのような者をいうのかなどについてAに具体的な説明もせず、また、Aの米国での生活状況等について質問もしていなかった。

　　これに対し、裁判所は、「居住者に当たるか否かは、客観的な事情を総合勘案して判断されるべきものである」とし、本件の事実関係の下においては、X社がAの住民票等の公的な書類を確認したからといって、そのことのみをもって、X社が、Aが非居住者であるか否か確認すべき義務（注意義務）を尽くしたということはできない旨判断した上で「Aが国内居住者であるか否かを判定するためには、Aの非居住者性に関する客観的な事情（例えば、Aの出入国の有無・頻度、米国における家族関係、資産状況等）について具体的に質問して確認

する必要があり、このような具体的な事実関係を把握することなく、Aの居住者性を判定することは困難である。」と説示した。

(4)　本判決は、非居住者に対する不動産の譲渡対価に係る源泉徴収制度において、売主の非居住者性の判定につき、買主が源泉徴収義務に基づいて負う「相手方が非居住者であるか否かを確認すべき義務」の程度・内容の例について判示したものであり、上記(2)の東京高等裁判所判決と併せて、実務上の参考になるものである。

　　また、本判決が示した、買主は、売主が提出した公的な書類を確認したことのみをもって源泉徴収義務者としての注意義務を尽くしたということはできず、売主の非居住者性に関する客観的な事情について具体的に質問して確認する必要がある旨の説示は、本件における個別約な事実関係の下における事例判断であるが、源泉所得税事務における指針の一つとなると思われる。

(注)　本判決において、源泉徴収義務者が負う「相手方が非居住者であるか否かを確認すべき義務」につき、「注意義務」との文言が用いられているが、本件は、飽くまでも本件の事実関係の下においてX社が源泉徴収義務を負っていたか否かをめぐって争われたものであり、裁判所は、本判決にいう「注意義務」の範囲・内容について特段の判断を示しておらず、また、もとより民法・刑法上の「注意義務」と同義であるとして判断したものでもない。

　争点1 Aは、所得税法上の「非居住者」に該当するか否か。について当局証拠は

①Aの兄の聴取書、

②Aの出入国記録、

③ＩＲＳ（米国の内国歳入庁）に所得税申告状況等について照会して得た、Aの米国社会保障番号取得の事実、

④米国内の電話番号検索結果（世帯情報として、A以外の2名の氏名も記載されている）、

⑤Aの米国住居に係る固定資産評価情報等

⑥インターネット上の公開情報ないしデータベース検索システム

　を挙げています[10]。これは納税者側の証拠にもなり得ます。

　争点２Ｘ社は、源泉徴収義務者として、受給者が非居住者であるか否かにつき確認すべき義務（注意義務）を尽くしていたか否か、について裁判例では、

　「売主が「非居住者」等に該当するか否かという事実は、不動産の引渡し等の後の売主の担保責任や、契約締結時には想定しなかった事項・事態への対応等の「売買契約の目的を完全に達するために必要な事項に関連するものであるから、

○買主において調査確認等

例えば、

・売主の住所

・居所を知るための調査確認等としては、売買契約書の作成

・不動産登記事項証明書の確認

・売主からの委任状及び印鑑登録証明書等の入手

・売主への直接確認等

をすることが予定されているということができ」

とあり、これが証拠として保全されることがわかります。

---

10 海外案件というくくりで補足。平成25年５月29日東京高裁　レンタルオフィス事件
　　における「証拠」の論点

　ＣＦＣにおける適用除外要件を満たす資料の保存義務規定について、当初の当局調査時点では資料の提出はありませんでした。しかし、裁判において書証として当該証拠が大量に提出された結果、納税者の主張が認められた事案です。

　本件で当局は、適用除外要件を満たすことの主張立証責任は納税者にあるものと主張しましたが、裁判所はこれを明確に否認しています。当局はまた、租税条約上の情報交換の回答を証拠として提出しましたが、証拠価値が薄いものと判断しております。

　すなわち、資料保存要件が付されているにもかかわらず、当局調査において当該資料の提出がなかったことについては判示では言及されなかったのです。

　証拠の疎明という点で最判平成16年12月16日消費税法第30条第７項に係る判決（当該判決は平成17年３月10日最判（青色申告承認取消事由としての「保存」の意義）と同義）と比較すると興味深いものがあります。

重要情報３

　証拠の収集の範囲について下記の事例が参考になります。

○その他行政文書　調査に生かす判決情報085

情報　調査に生かす判決情報第85号　平成31年２月　～判決（判決速報№1482【所得税】）の紹介～　東京国税局課税第一部国税訟務官室

東京地方裁判所平成28年（行ウ）第274号　平成30年12月７日

《ポイント》

　事実認定を行うに当たっての基本的な考え方

　（電子メールの記録、電話帳データ、各種公的申請記録及びＢ／Ｋ入出金状況等から所得の帰属を立証した事例）

（事件の概要等）

　本件は、Ｘ（納税者）が、キャバクラ２店舗（本件各店舗）の責任者らに指示して、Ｘが支配・管理していた特殊関係人ら名義の複数の普通預金口座（本件各口座）に本件各店舗の営業から生じた利益を振込入金させて受領していたなどとして、Ｙ（課税庁）が平成19年分及び平成20年分の所得税の更正処分等を行ったことに対し、Ｘは、本件各店舗の経営に全く関与していないだけでなく、当該普通預金口座を支配・管理したこともないから本件各店舗の営業から生じた利益を受領していないなどとして、当該更正処分等の全部の取消しを求めた事件である。

（本件の争点）

　本件各金員（本件各口座に振込入金されていた各金員）は、Ｘに帰属する所得であるか否か。

（裁判所の判断）

①本件各金員が本件営業から生じた収益の一部であること、

②Ｘが、本件各店舗の営業状況及びその営業から生じた収益の状況について情報を得るために、従業員Ｂ、従業員Ｄ又はＤの知人Ｆから、日々営業状況の報告を受け、それを基に、従業員Ｂ、従業員Ｄ又はＤの知人Ｆに対して本件各店舗の営業及びその営業から生じた収益の処理などについて指示をしていたこと、

③従業員Ｄ又はＤの知人ＦはＸの指示に基づいて現金を本件各口座に振

込入金していたこと、

④本件各口座を実質的に支配又は管理していたのはＸであること

を踏まえると、本件の証拠関係の下においては、本件各店舗の営業から生ずる収益（本件各金員を含む）が帰属する者は、Ｘであると認めるのが相当である。

（国税訟務官室からのコメント）

1　本情報の目的

　本件は、争点となった所得の帰属先について、国側が主張した事実関係をＸが全面的に否認した結果、国側の行った事実認定の適否を中心に審理がなされた事件である。

　結果として、本判決では、上記『裁判所の判断』のとおり、裁判所は国側の主張した事実関係を全面的に認めた上で、本件各店舗の営業から生ずる収益がＸに帰属する所得であると認定されているが、このような判断が得られたのは、調査担当者が当該認定を行うに足りる証拠を数多くかつ適切に収集していたため、訴訟において十分に立証することができたからにほかならない。

　そこで、本情報では、事実認定を行うに当たっての基本的な考え方を示し（下記2）、本件の調査や判決が実際にどのような事実認定を行ったのかを紹介し（下記3）、さらに本訴訟においては国側の主張する事実認定に矛盾する証拠がなかったことを示すことで（下記4）、（※下線筆者）調査担当者が調査において有効な証拠を収集する際の参考となることを目的とするものである。

2　事実認定を行うに当たっての基本的な考え方について

　（中略）

3　本件における裁判所の事実認定について

(1)裁判所は調査担当者の収集した客観的な証拠を基礎として判断をしていること

　　裁判所が本件の判断を行うに当たって前提として挙げた事実のうち主なものは別紙の1ないし4の各事実であり、裁判所はこれらの各事

実から上記『裁判所の判断』の①ないし④のさらなる事実認定をした
上で、Ⅹに所得が帰属する旨の結論を導き出している。

　そして、別紙の１ないし４の各事実が上記２の「動かし難い事実」
に当たるものであり、具体的にはＹが調査の際に収集した

・法人の登記事項証明書や

・風営法の規定に基づく届出書の記載内容（別紙の１(1)ないし(3)）、

・Ⅹや関係者の普通預金口座の元帳の記録（同２）、

・従業員Ｂが所持していた携帯電話やＣ店にあった携帯電話に登録され
　ていた電子メールや電話帳データの情報（※下線筆者）

・あるいはⅩが外務大臣宛てに提出したパスポート申請書の記載内容
　（同３）、

・普通預金口座の資金の動きと一致する末日決算データの登録内容（同
　４）など

の客観的な証拠に基づき当該事実認定がされたものである。

(2)本件で調査担当者は質問応答記録書により「動かし難い事実」を有機
　的につないだこと

　（中略）

4　Ⅹから国側の主張に矛盾する「動かし難い事実」を示す証拠の提出
　がなかったこと

　（中略）

5　おわりに

　（後略）

※こちらもあわせてご参照ください。
　　令和４年10月　国税庁　令和５年１月以後に非居住者である親族について扶養
　控除等の適用を受ける方へ
　https://www.nta.go.jp/publication/pamph/pdf/0022009-107_01.pdf
　　令和４年10月　国税庁　令和５年１月からの国外居住親族に係る扶養控除等Ｑ
　＆Ａ（源泉所得税関係）
　https://www.nta.go.jp/publication/pamph/pdf/0022009-107_02.pdf

Ⅲ—2　国内における居住地判定に係るエビデンスと重加算税

> **Q** 国内における居住地判定に係るエビデンスと重加算税に係る基本的な考え方を教えてください。

> **A** 住民登録や在留資格等といった単一の内容で判断することなく、下記の判決が示すように、その者の職業、住居、家族の居住の状況、資産の所在地等を総合的に勘案して判断していく必要があります。
>
> 　そのため、裁判例で列挙されるような事実認定の「真逆の実態」を疎明する必要があります。シリーズ〈法人編〉の分掌変更でも否認された事例の「真逆の実態」について疎明すればよいと検証しましたが、イメージとしてはそれと同様です。
>
> 　合理的理由や特殊事情もなく、単に特例の適用を受けるためだけの、実態と相違する住民票の添付は重加算税の対象になる可能性が高いと考えられます。

【解　説】

　居住用財産に関する税務の特例には種々あります。証明書類の中で、住民票があり、添付が義務付けられているものもあります。

　しかし、住民票と居住の実態とが相違している場合は多々あり、居住の実態がない住所地の住民票を添付し、本来は特例を受けられないにもかかわらず、受けている場合もあります。

　この場合、重加算税との兼ね合いを検証します。

○重加算税が取り消された事例

〈昭和58年4月28日裁決〉

　請求人が本件家屋の所在地に住民登録したのは、住宅公団の地元居住者優先分譲を受けるためであって、本件申告書に添付するために住民登

録を移転させたものでないことが認められ、また、譲渡する前に本件家屋に一時的に仮住まいしていたので措置法第35条の規定に該当すると信じて、住民票の写しを添付したことがうかがわれることから、請求人に仮装の意図があったとは認められず、したがって重加算税を賦課することは相当でない。

　住民票の異動につき、「住宅公団の地元居住者優先分譲を受けるため」という客観的に認められる合理的理由があり、一時的な仮住まいでも特例の適用があると信じていたので、そもそも仮装の意図はなかったものとされた事案です。

　合理的理由があれば重加算税対象にはなりえません。ただし、合理的理由は社会通念（＝常識、経験則）で決定されるものであり、絶対唯一な最適解（証拠）は作成できません。

〈昭和61年5月22日裁決〉

　請求人が譲渡前1年1か月にわたり断続的に居住し、そこから通勤もしていた本件家屋は、水道、電気及びガスの消費量が極めて少量であること、従前、妻子と同居し、引き続き妻子が居住している別の家屋の水道等の消費量にさしたる変動がないことなどの事実に照らし、本件家屋は請求人の従たる住居とみるのが相当であり、居住用財産には該当しないから租税特別措置法第35条の適用はないが、本件家屋が請求人の1年余にわたる生活の場の一つであったことは確かであるから、そこに住民登録を移したことを不自然な行為であるとすることはできず、住民登録の移替えをもって事実の隠ぺい又は仮装があったとすることは相当でない。

　居住用家屋が2以上ある場合です。従たる家屋に住民票を異動していたとしても、それだけでは隠ぺい、仮装には該当しません。なお、この事案は最終的にどちらの家屋を譲渡するかも明確に決めてはいなかったという背景もあります。

〈平成５年５月21日裁決〉

　本件の場合、請求人の親族らが本件家屋に居住し、請求人のみがアパートに居住した経緯及び請求人の住民票が本件家屋の所在地から移転しなかった事情等を考慮すると、当該住民票を添付したことは、必ずしも、租税回避を目的として事実を隠ぺいしたものであると推認することはできず、また、請求人の虚偽答弁等のみをもっては、仮装したものであるとはいえないから、重加算税を賦課することは相当でない。

　納税者には様々な「特殊事情」が想定されますが、それを総合勘案して重加算税対象とならないとされた事例です。「特殊事情」の範囲について検討する場合、多くの場面で参照される公表裁決です。

○重加算税賦課が適法とされた事例
〈平成２年12月27日裁決〉

　請求人は、本件建物にかつて居住していたとはいえ、６年前から譲渡の時まで、他人に貸し付けていたにもかかわらず、本件土地建物の所在地に引き続き住民登録をしていたことを奇貨として、その住民票の写しを確定申告書に添付し、また、本件建物の２階を請求人が占有使用していた旨を記載した借主の同意書を申告期限前に作成し、借主からその署名押印を拒絶されたにもかかわらず、その後の調査の際に、借主以外の者が署名押印したと認められる借主名の同意書を提出し、居住用財産の譲渡所得の特別控除の適用を受けようとしたことは、事実の隠ぺい又は仮装の行為に該当すると認められるから、重加算税の賦課決定をしたことは相当である。

　虚偽の「借主の同意書」までも作成していたことが隠ぺい、仮装に該当するとされたためです。

〈平成５年５月21日裁決〉

　本件資産は、居宅を新築する資金に充てるため、それまで貸家にして

いたものを売ることとしたが、当該譲渡に係る譲渡所得について租税特別措置法第35条の規定の適用を受けんがため、住民票上、居住期間を仮装したものであり、電気の使用量等から居宅が完成するまでの仮住まいであったと認められる。

　したがって、本件資産は本件特例に規定する居住用財産に該当しないことは明らかであり、居住用財産の売却に係る特別控除の適用はできない。

　本件資産の賃貸期間を偽って確定申告をするとともに、本件資産について、虚偽の居住の為の補修工事をしたこと等の申立てをし、また、実際の居住期間とは異なる住民登録をした住民票を確定申告書に添付し本件特例を適用したことは、通則法第68条第1項の規定に該当し、重加算税の賦課決定は適法である。

　特殊事情もなく、居住の用に供するための補修工事をした、という「虚偽の」申立てもあり、実際の居住期間と住民票に表示された期間に相違があることもあって、重加算税が適法とされた事例です。

　当局調査において、実際の居住期間と住民票に表示された期間に相違があることは居住地と実態の判定で非常に簡単に確認できる項目です。当然ながら理想は一致していることです。

〈平成11年3月15日裁決〉

　請求人が、本件家屋及び長男家族の家財道具の管理等のために、昭和63年頃から本件家屋を譲渡した直前までにおいて、時折本件家屋に住んでいたことを否定することはできないが、

①請求人の住所が本件家屋の所在地となっているものは、平成7年8月10日から同年9月29日までの住民登録及び本件売買契約書の請求人の住所のみで、他はすべてS町の家屋の所在地であったこと、

②本件家屋における水道及び電気の使用量並びに電話の利用料金は、長男家族が帰省したお盆、正月の時期等はそれなりに使用されていたことは認められるが、その他の月のこれらの使用量及び利用料金は僅少

又は使用されていなかった月があること、

③本件家屋及びＳ町の家屋の近隣住民等の申述からすれば、請求人は、Ｓ町の家屋を生活の本拠としていたことがうかがえること、

④仏壇は、生活の本拠である家屋に置き、先祖を供養するのが一般的であるが、請求人は、Ｓ町の家屋に置いていたことが認められ、これらを総合すると、請求人は、本件家屋及び長男家族の家財道具の管理等のために本件家屋を一時的に利用したにすぎず、請求人の生活の本拠はＳ町の家屋と認められる。

　請求人が住民登録を本件家屋所在地に転居の届出をしたときは、すでに本件譲渡資産を譲渡する認識をもっていたとみるのが相当であり、請求人が、本件家屋を真に居住の意思をもって、生活の本拠として居住していたという事実及び請求人の住民登録の住所を異動しなければならなかった合理的な理由が認められない以上、この届出は、本件特例の適用を受けるための事実を仮装するためにあえて届出したものと認められ、この事実に反する住民票の写しを本件申告書に添付して提出したことは、国税通則法第68条第１項の課税標準の基礎となるべき事実を仮装し隠ぺいしたことに該当する。

　裁決要旨の他に、譲渡資産に係る売買契約書の契約日について虚位作成したものを添付して申告している、本件家屋は主たる居住の用に供していた家屋でないにもかかわらず、本件家屋所在地に転居の届出をした上で、その旨が記載された住民票を添付して申告したという事実があり、重加算税の賦課は当然と考えられます。

　合理的理由や特殊事情もなく、単に特例の適用を受けるためだけの実態と相違する住民票の添付は重加算税の対象になる可能性が高いです[11]。

---

11 隠蔽行為の認定〜意図を外部からもうかがい得る特段の行動の有無〜（令03−06−25　公表裁決　一部取消し　Ｊ123−１−03）

　　請求人が、税務調査に基づき相続税の修正申告をしたところ、原処分庁が、被相続人が締結していた各建物更生共済契約に関する権利（本件各権利）を相続税の課税財産として申告する必要があると認識していながら、申告していなかったことに

　裁決、裁判例で列挙されるような事実認定の「真逆の実態」を疎明する必要があります。シリーズ〈法人編〉の分掌変更でも否認された事例の「真逆の実態」について疎明すればよい、と検証しましたが、イメージとしてはそれと同様です。

重要情報1　扶養義務者相互間

○妻名義の家屋の増改築資金を夫が負担したことは贈与に当たるとされた事例

東京地裁昭和48年（行ウ）第128号贈与税決定取消請求事件（棄却）（原告控訴）（TAINSコードZ087―3718）

（一部抜粋）

〔事案の概要〕

　原告の夫である甲は、原告所有の建物（東京都文京区千石３丁目18番地３に所在する木造木羽葺平家建4,958平方メートル）の増改築工事を代金4,236,391円で建築請負業者の本間兼治に施工させ、昭和44年５月頃竣工したが、右代金は、甲が本間と協議の上4,200,000円に減額したうえ甲において負担して支払った。その後昭和45年４月２日に右増改築後の建物（木造瓦葺2階建176.89平方メートル、２階64.12平方メートル）は原告名義で、増築を原因として変更登記され原告の所有となったものであるが、原告は右工事代金に相当する金員等を甲に対し何ら支

　隠蔽の行為が認められるとして重加算税の賦課決定処分をしたため、請求人が、当該隠蔽の行為はないとして、当該処分のうち、過少申告加算税相当額を超える部分の取消しを求めた事案です。

　審判所は、次のように判断して、重加算税の賦課決定処分を取り消しました。

　本件各権利が申告漏れとなった原因としては、本件税理士からの「損害保険はどうなっていますか」との質問に対して請求人の「共済は掛け捨てに移行している」との回答は、本件税理士の質問の趣旨を誤解してなされた可能性があり、実際に建物更生共済契約から掛け捨ての損害保険へと移行されたものもあることからすれば、必ずしも虚偽であるとまではいえない。したがって、請求人が本件税理士に対して故意に虚偽の説明をしたものと認めることはできず、請求人が本件税理士に当該回答をした事実をもって、請求人が、当初から過少に申告することを意図し、その意図を外部からもうかがい得る特段の行動をしたと認めることはできないから、国税通則法第68条第１項に規定の隠蔽又は仮装の行為があったということはできない。

払っていない。

〔判断〕

　<u>原告は無職であって夫の収入によって生活しているものであり、それ故にこそ夫が費用を負担して増改築工事をしたものであることが認められるから、夫がいまさら償還請求権を行使するものとは社会通念上到底認められない。従って、法律上償還請求権が成立するとしても、これをもって、対価を支払った場合に当るとして相続税法９条の規定の適用を排除すべき理由とはならないというべきである。</u>（※下線筆者）

　婚姻継続中の夫婦を一個の共同体と考えるべきものとしても、相続税法９条に関し同法が夫婦間の行為について特段の定めもしていない以上、婚姻中の夫婦の間においても、民法の規定に則って経済的な利益の変動があると認められれば同条の適用を受け、これを贈与とみなして課税することができると解するよりほかないものというべきである。

　補足です。原告は控訴審において、夫が負担した増改築費用は、扶養義務者相互間の生活費に充てるためのものであり、贈与税の非課税（相法21の３①二）と主張しています。

　しかし増改築費用は通常認められる範囲を超えているとしてその主張は排斥されました。

■ **重要情報２**

○みなし贈与（居宅の改修工事費用と付合）／非課税財産（扶養義務者相互間の生活費）

　請求人の母が工事費用を負担した請求人所有の居宅の改修工事について、請求人が当該改修工事部分の所有権を付合により取得したものとして、その経済的利益を母から贈与（相法９）により取得したものとみなされ、また、贈与とみなされる部分は請求人の「生活費」（相法21の３①二）に充てるためになされた贈与と解することはできないとされた事例（平成29年５月24日裁決）

（一部抜粋）

〔事案の概要〕

　原処分庁が、請求人の母が行った請求人所有の建物（本件居宅）の改修工事（本件改修工事）によって、請求人が当該改修工事部分の所有権を取得したと解した上で、請求人に対し、当該部分の所有権に相当する経済的利益を贈与により取得したものとみなされる（相続税法第9条）として、贈与税の決定処分等をしたところ、請求人が、当該改修工事は日常生活に支障が出ていた部分の修理を行ったにすぎないから、同法第9条の規定する経済的利益を受けていないし、仮に利益があったとしても、扶養義務者相互間の生活費に充てるためにした贈与であって、通常必要と認められるものに当たる（同法第21条の3《贈与税の非課税財産》第1項第2号）などとして、当該処分の全部の取消しを求めた事案。

〔納税者の主張〕

　請求人と母は同居しており、同居関係にある場合にまで付合の適用があるとは考えられない。

　また、本件改修工事は、バリアフリー工事を含めて本件居宅における日常生活に支障が出ていた部分の修理を行ったにすぎず、建築確認申請が必要な大規模な増改築とは異なるし、本件改修工事によっても本件居宅の固定資産税評価額が増加していないことからしても、付合の適用は否定されるべきである。

　加えて、本件改修工事は主に高齢の母のためにしたものであり、これにより最恩恵を受けたのは母であって、請求人は何ら利益を得ていない。

　したがって、母が本件改修工事に係る工事代金を負担したことについて、請求人が相続税法第9条に規定する「対価を支払わないで…利益を受けた」といえない。

　本件改修工事は、修理の程度をはるかに超えるものであるし、本件各年分において請求人に多額の所得があるとからすると、請求人が受けた利益の価額に相当する金額が請求人の通常の日常生活を営むのに必要な費用であるとも、社会通念上適当と認められる範囲であるともいえない。

　したがって、請求人が受けた利益の価額に相当する金額は、相続税法第21条の3第1項第2号に規定する「扶養義務者相互間において生活

費…に充てるためにした贈与により取得した財産のうち通常必要と認められるもの」に該当しない。

〔課税庁の主張〕

　工事部分は、本件居宅の一部を構成するものとして機能し、本件居宅と結合し不可分一体となったといえることから、本件居宅に付合し、請求人がその所有権を取得した。

　また、本件改修工事の費用は母が全額負担していたところ、母が請求人に対して民法第248条に基づく償金を請求したことや請求人が母に償金を支払ったことはない。請求人と母との間で金銭消費貸借契約が締結されたこともない。

　したがって、母が本件改修工事に係る工事代金を負担したことについて、請求人が相続税法第9条に規定する「対価を支払わないで…利益を受けた」といえる。

　本件改修工事は、本件居宅における日常生活に支障が生じていた部分の修理を行ったものであって、仮に請求人が贈与により取得した財産があると評価されるとしても、税務当局が立ち入るべきでない家庭内の出来事というべきである。

　したがって、請求人が受けた利益の価額に相当する金額は、相続税法第21条の3第1項第2号に規定する「扶養義務者相互間において生活費…に充てるためにした贈与により取得した財産のうち通常必要と認められるもの」に該当する。

〔判断〕

　相続税法第21条の3第1項第2号に規定する「生活費」の意義について、相続税法基本通達21の3―3は、その者の通常の日常生活を営むのに必要な費用（教育費を除く。）をいう旨定めるところ、かかる費用には、日常の衣食住に必要な費用のみでなく、治療費、養育費その他これらに準ずるもの（保険金又は損害賠償金により補てんされる部分の金額を除く。）を含むものと解されている。

　また、相続税法第21条の3第1項第2号に規定する「通常必要と認められるもの」の意義について、相続税法基本通達21の3―6は、被

扶養者の需要と扶養者の資力その他一切の事情を勘案して社会通念上適当と認められる範囲の財産をいうものとすると定めている。

　相続税法第21条の３第１項第２号の立法趣旨が、生活費又は教育費は、日常生活に必要な費用であり、それらの費用に充てるための財産を扶養義務者相互間の贈与により取得してもそれにより担税力が生じないことはもちろん、その贈与の当事者の人間関係などの面からみてもこれに課税することは適当でないこと等にあることに鑑みれば、当審判所においても、上記通達の取扱いはいずれも相当であると解される。

　本件では、母が多額の費用をかけて本件改修工事を依頼し、請求人が付合により当該工事の大部分に当たる本件付合部分の所有権を取得したことで、請求人は、合計約2,700万円に上る利益を受け、当該利益について母から贈与を受けたものとみなされる。

　このような当該利益の額、本件改修工事の規模及び内容、請求人には本件各年分において2,000万円前後の多額の所得があること等に照らせば、当該贈与とみなされる部分が請求人の「生活費」に充てるためになされた贈与に当たると解することはできない。（※下線筆者）

　扶養義務者相互間のやりとりは個別具体的に事実認定が総合勘案されます。

第 IV 章

交際費の必要経費該当性
に係るエビデンス

Ⅳ-1　交際費を疎明するためのエビデンス

Q 個人事業主における交際費であったと疎明できるエビデンスを教えてください。

A シリーズ＜法人編＞では交際費と役員の私的支出に係るエビデンスについて触れています。個人事業主でも趣旨は同じで必要経費として認められるかについて問題が生じます。さらに個人事業主では交際費のみならず、会議費等々も家事関連費として必要経費否認される可能性があります。

　したがってシリーズ＜法人編＞で検証した雛形についてさらに詳細を加えるという結果になります。

【解　説】

　まずは交際費や会議費と認められる一般的な雛形を用意します。法人よりもさらに疎明力を高めるには添付資料の充実しかありません。

【個人事業主の経費精算書】

経費精算書

作成日　令和○年○月○日
支払日　令和○年○月○日

勘定科目名　交際費★1
　支払方法　★2
　振込
　現金
　その他（　　　　　）

経理担当者（へ）
　【今回の経費の内容】・・・★2、★3
　本体価格　①　○○円
　消費税等　②　○○円
　支払金額（総額）　③　○○円

※消費税等の区分
（　）課税仕入・課税売上対応
（　）課税仕入・共通売上対応
（　）課税仕入・非課税売上対応
（　）非課税又は課税対象外

内容　★3
　○○株式会社○○社長就任祝いの○○（贈答品等々）代

支払先
　○○店

備　考

（事由）

　　○○株式会社は現在のところ○○（個人事業主の屋号）との取引関係はない。

　　しかし、今般、社長に就任した○○氏は、○○（個人事業主の屋号）の親族であり、新規の取引開始が見込まれる。そこで、その営業活動の一環として○○社長就任祝いとして○○を送った。

★1　交際費として処理したい場合、会議費、福利厚生費、情報提供等々、役員の私的流用でないことを強調します。

★2　エクセル等で作成してください。ここにあるのは最低限の事項です。より詳細に区分されていればなお良いです。

★3　もっとも重要なところはこの内容です。法人と異なります。

・疎明力を飛躍的に高めさせるには打合せ資料は必須です。

・現実的に困難な場合、稟議書において詳細を記載しておきますが、疎明力は著しく劣ります。

　　交際費としての性格を有する場合、下記を追加記載します。

【今回の経費の内容】

本体価格　①　○○円

消費税等　②　○○円

支払金額（総額）　③　○○円

接待飲食費使用伺書

・実施予定日

・相手先

・内容

・人数　相手先○○人　　○○（個人事業主の屋号）○○人

・実施場所

・予定金額

・実施目的　必須

・備考　必須

　さらに、交際費としての性格を有する場合、「領収証」（原本）を添付します。

　その場合、領収証の裏に下記を記載します。

・接待相手先

→名称

→当社との関係　必須

・相手先の出席者・人数

・当社の出席者・人数

・合計人数

会議費の場合、下記（次頁）を記載します。

【今回の経費の内容】

本体価格　①　○○円

消費税等　②　○○円

支払金額（総額）　③　○○円

・実施日

・実施場所

・出席者

・会議・打ち合わせのテーマ　必須

・会議・打ち合わせの概要　必須

第 V 章

不動産関連
をめぐるエビデンス

Ⅴ－1　不動産に係る典型的な論点とエビデンスの基本的な考え方

Q 不動産に係る典型的な論点とエビデンスの基本的な考え方を教えてください。

～引渡しの日、土地建物一括譲渡、取得価額引継整理票を中心として～

A ここでは引渡しの日と土地建物一括譲渡の考え方で基本的な考え方を理解します。

【解　説】

（1）引渡しの日

　所得税法上、収入金額の計上時期は、収入すべき権利の確定した時です（権利確定主義、所法36①）。ただし、「権利の確定」という基準は抽象的なので、実務上は、所得税基本通達の定めに依拠することになります。

　例えば、建物の建築請負ということになれば、事業所得として、「請負による収入金額については、物の引渡しを要する請負契約にあってはその目的物の全部を完成して相手方に引き渡した日」（所基通36－8⑷）となります。

　譲渡に係る事業所得、譲渡所得の場合も、引渡しがあった日に着目する必要があります。引渡基準の証拠は契約書が重要です。民法において、「引渡し」とは、事実的支配の移転「所有権」の移転をさします。「登記名義」の移転とは別です。契約書上に、「引渡日」を記載したとしても、事実関係が問題なのだから、実態が伴っていなければ疎明力は著しく弱いです。

　引渡日については絶対的な基準がありません。したがって、社会通念（＝常識、経験則）が働きます。

○通常の用法に従って使用しうる状態

（証拠）

　　・鍵の受領証

　　・水道電気の契約書　等々

　　　　この点、代表的な事案で東京地判昭和55．6.12があります。ただし、法人で刑事事件の判例です。

○所有権の移転時期　完成時、当事者の合意（民法176）

（証拠）

　　・建築確認等

　　・契約書

○登記の移転、登記関係書類の交付

（証拠）

　　・登記簿謄本

　　・登記申請書

○代金全額の支払

（証拠）

　　・領収証　※同族特殊関係者間では絶対に現金授受はしません。同族特殊関係者間の領収書は証拠力が一切ありません。

　　・銀行振込

（2）土地建物一括譲渡

　不動産に係る典型論点として土地・建物の一括譲渡があります。

　国内において行われる資産の譲渡等のうち、別表第一（「土地の譲渡」を含む。）に掲げるものには、消費税を課さない（消法6①）とあります。そして、同一の者に対して同時に譲渡した場合において、土地と建物の対価の額が、それぞれ、合理的に区分されていないときは、価額割合で按分（消令45③）とあります。したがって「合理的に区分」されているときは、必ずしも価額割合の按分でなくてよいといえます。

　合理的に区分はさまざまな考え方が存在します。対価の額は当事者の合意によって決まります（私的自治）。当事者の合意が記載された書面

97

が「契約書」ですから、「契約書」による区分が原則となります。契約書に記載されている限り、合理的と一応の推定が働くことになります。

○平成13年10月24日裁決

〔裁決の要旨〕

1　請求人は、原処分庁が逆算法によって建物の本体課税標準額を算定していることが、請求人の販売実状を無視した不合理なものである旨主張するので審理したところ、本件土地付建物に係る重要事項説明書においても、代金及び消費税の額は売買契約書に記載された金額と同額である旨記載されているのであり、一方、購入者は、所得税の確定申告において、住宅取得等特別控除を消費税額等を基に、逆算法で算定した金額を建物取得価額として、申告している。

2　これらの事実を総合勘案すれば、請求人が本件決定案を基に購入者と交渉した結果、当事者間の合意の上で、売買契約書が作成されたものとみるのが相当であって、土地付き建物に係る売買契約書記載の消費税額等については、契約当事者間で建物の売買価額として合理的に区分し計算された消費税額等であることが推認されるから、本件建物の売買価額は、消費税額等を基礎として逆算法によって明らかに算定することができるのであり、その結果、土地と建物はそれぞれの売買価額を売買契約書で合理的に区分されることになるから、請求人の主張する原価比率法は採用することができない。

3　請求人は、売買契約書の消費税額は国土利用計画法に抵触しないようにするため、当時の過去最高の坪単価を基に計算し記載しているもので、いわゆる備忘的な数字である旨主張するが、本件消費税額から逆算する方法で建物の売買価額を合理的に区分した上、当該建物に係る消費税額等として記載されていると認められる。

4　本件消費税額は、契約当事者間で合意の上で作成された売買契約書に基づき、建物の売買価額として合理的に区分し計算された消費税額であることが推認され、これを覆すに足りる証拠も認められないことから、本件消費税額を備忘額である旨の請求人の主張は採用できず、

本件建物の売買価額は本件消費税額から逆算する方法で算定することが相当である。

5　請求人は、契約時、残金決済時等に値引きした額は、建物価額の値引きである旨主張するが、建物価額の値引きであるとする証拠も認められず、売買契約書は契約当事者間で合意の上で作成されたものであり、消費税額も建物価額に基づき計算されていることが認められることから請求人の主張は採用できない。

〇平成20年５月８日裁決

〔裁決の要旨〕

請求人は、土地とともに取得した建物の取得価額は、時価により合理的に算定すべきであるから、売買契約書に記載された建物の価額によらず、売買代金総額を土地及び建物の各固定資産税評価額の価額比であん分して算定した価額によるべきであり、また、本件建物の課税仕入れに係る支払対価の額も、消費税法施行令第45条第３項及び租税特別措置法関係通達62の３(2)－３の規定等の趣旨に照らし、上記の方法により合理的に算定すべきである旨主張する。

しかしながら、本件の売買契約は、請求人及びＡ社が、契約当事者として本件契約書に記載された内容で合意し、本件契約の締結に至ったものと認められ、両者の間に、同族会社であるなど特殊な利害関係あるいは租税回避の意思や脱税目的等の下に故意に実体と異なる内容を契約書に表示したなどの事情は認められず、また、本件契約書に記載された本件建物の価額は、売主が不動産売買の仲介業者に本件土地建物の売却価額の査定を依頼し、その報告書を参考に決定したものであって、当審判所の調査によっても特段不合理なものとは認められないから、本件建物の減価償却に係る取得価額は、本件契約書に記載された本件建物の価額を基に算定するのが相当である。

また、本件建物の課税仕入れに係る支払対価の額も、本件契約書に記載された本件建物の価額が、契約当事者双方の契約意思を表示するものであり、本件契約書に実体と異なる内容を表示したなどの特段の事情も

なく、また、その価額に特段不合理な点が認められないから、本件契約書に記載された本件建物の価額を基に算定するのが相当である。

　当然実態と乖離した、まして虚偽の記載をした契約書は何の意味もなしません。例えば業者からの見積書と最終契約金額が同額なのに、土地と建物の金額の内訳だけ違っていることなどが典型です。

重要情報1

○事業用買換資産の取得価額と一括譲渡した土地建物の対価の区分

（令03-09-17　東京地裁　棄却　Ｚ888-2371）

　原告らの父乙は、贈与により取得した土地1を昭和62年に譲渡して、措置法37条（特定事業用資産の買換え）1項の適用を受け、買換資産としてＡ建物を取得し、平成26年に土地2とともにＡ建物を譲渡しました。本件は、父の死後、税務署長が、不動産所得につきＡ建物の取得価額は「引継価額」とすべきであり、一括譲渡した土地建物の対価の区分は「相続税評価額による按分法」を採用すべきであるとして更正処分をした事案です。東京地裁は次のように判示しました。

　原告らは、本件贈与は負担付贈与であり、土地1は、措置法37条1項の要件（所有期間10年超）を満たしておらず、Ａ建物は買換資産に該当しない旨主張するが、乙が自ら同項の規定を当てはめて要件を満たすとする確定申告書を提出し、これを働かせて課税の繰延べという効果を享受した者であったことは明らかであり、客観的にみて要件を満たしていたか否かにかかわらず、乙は同項の規定の適用を受けた者に該当するから、Ａ建物の取得価額は引継価額とすべきである。

　土地2の概算取得費を計算するに当たり、原告らは、譲渡収入から建物の固定資産税評価額を控除した額を土地の収入金額とする差引法を主張するが、固定資産税評価額は実際の取引価額が形成される事情が考慮されていないことから差引法は合理的とはいえない。相続税評価額による按分法は、土地と建物との収入金額の均衡を保つことができるものと解されるから合理性があると認められる。

（3）取得価額引継整理票

　買換資産特例など取得価額引継ぎ時の確認の際に用いられる資料です。

重要情報2 （一部抜粋）平成28年3月3日裁決

「イ　本件特例の概要

（イ）本件特例は、個人が、その年の1月1日における所有期間が10年を超える居住用財産を譲渡し、かつ、その年の前年1月1日から原則としてその年の12月31日までに買換資産を取得してこれを居住の用に供した場合には、譲渡資産の譲渡による収入金額が買換資産の取得価額以下であるときには当該譲渡資産の譲渡がなかったものとし、当該収入金額が当該取得価額を超えるときには当該譲渡資産のうちその超える金額に相当する部分の譲渡があったものとして、譲渡所得の金額の計算をすることとし、一方、当該譲渡資産の譲渡がなかったものとされる部分に係る当該譲渡資産の取得価額等を買換資産に引き継がせることにより、その後、当該買換資産を譲渡したときに当該譲渡資産の譲渡に係る譲渡益を含めて譲渡所得の清算を行おうとする、譲渡所得の課税を繰り延べる特例である。」

重要情報２

〇平成14年11月22日裁決　裁決事例集No.64　78頁　取得価額引継
　整理票

別表1

（単位：円）

区分	確定申告	更正処分等	異議決定
総所得金額	1,731,680	1,731,680	1,731,680
分離長期譲渡所得金額	0	25,512,719	25,090,989
算出税額	○○○○	○○○○	○○○○
定率減税額	8,620	250,000	250,000
源泉徴収税額	150,186	150,186	150,186
納付すべき税額	○○○○	○○○○	○○○○
過少申告加算税の額	－	320,000	314,000

別表2

取得価額引継整理票

特例適用者	Y市Z町○－○		K
取得価額を引き継いだ資産（買換資産等）			
所在地番	P市Q町○－○		
種類	土　地		
数量	242 ㎡		
取得費	A	45,499,430 円	
引き継いだ取得価額の計算根拠	3,250,000 円＋7,500,000 円＝10,750,000 円 $10,750,000 円 \times \dfrac{45,499,430 円}{65,000,000 円} = 7,524,905 円$		
取得価額が引き継がれた資産（譲渡資産）			
所在地番	R市S町○－○		
種類	借地権及び建物		
数量	借地権　60.37 ㎡		
譲渡年月日	昭和 54 年 1 月 5 日		
譲渡価額	B	65,000,000 円	
特例適用条文	措置法第 37 条	申告のあった税務署	X署
整理票作成年月日	昭和 56 年 7 月 29 日	作成の基となった簿書名	54 年分

重要情報3

〇取得価額引継整理票について言及されている裁決

平成28年3月3日裁決

（一部抜粋）

「イ　「取得価額引継整理票」は、本件特例等の税法に規定する譲渡所得の課税の繰延べに係る特例の適用を受け、譲渡資産の取得価額等が引き継がれた場合、その引き継がれた取得価額等を明らかにし、じ後における譲渡所得等の計算の資料とするために、納税者が提出した譲渡所得計算明細書等を基に、税務署の職員によって、譲渡所得の課税の繰延べに係る特例の規定の適用を受けた者について作成されるものである。」

重要情報4

〇取得価額引継整理票に係る資産税事務提要の定めについて

　昭和56年10月23日付直資秘4－9ほか6課共同国税庁長官通達「資産税事務提要の全部改正について」（以下「本件資産税事務提要」という。）には、要旨次のように定められていた。

〈取得価額引継整理票の作成等について〉

　譲渡所得に関する課税の特例の適用を受けているもので取得価額の引継ぎが行われる買換資産、代替資産、交換取得資産又は低額譲渡資産（以下「買換資産等」という。）があるものについては、取得価額引継整理票を作成する。

（A）取得価額引継整理票は、買換資産等が減価償却資産以外の資産、建物又は構築物であるものは、当該買換資産等の所在地番順に整理して保管することとし、買換資産等が上記以外の資産であるものは、取得価額引継整理票つづりに編てつして保管する。

（B）調査において課税繰延べの特例に係る買換資産等の取得又はその使用の事実を確認し、当該特例の適用を認めた事案については、取得価額引継整理票を作成する。

B　　取得価額引継整理票の様式、その使用目的及び記載要領等について

（A）取得価額引継整理票の様式は、別紙4（省略）のとおりとする。

(B) 取得価額引継整理票は、租税特別措置法又は所得税法に規定する課税繰延べの特例の規定の適用を受け譲渡資産の取得価額を引き継いだ事案について、その取得価額の引継事績を明らかにし、じ後における譲渡所得等の計算の資料とするために使用するものである。

(C) 「買換資産等の実際の取得価額等」欄には、買換資産等の実際の取得価額を記載する。

(D) 「引き継いだ取得時期」欄には、譲渡資産の取得時期を記載する。ただし、租税特別措置法第36条の2等の適用を受けて取得した買換資産又は交換取得資産については、実際の取得時期を記載する。

(E) 「引き継いだ取得価額」欄には、買換資産等の取得費又は減価償却費の計算の基礎となる金額として、当該買換資産等に付すべき取得価額を記載する。

(F) 「引き継いだ取得価額の計算根拠」欄には、上記（E）により記載すべき金額の計算根拠を記載する。

(G) 「特例適用条文」欄には、この整理票の作成の基因となった租税特別措置法又は所得税法の課税の特例に関する条項を記載する。

(H) 「作成の基となった簿書名」欄には、この整理票の作成の基となった簿書の年分区分、名称及び簿書の編てつ番号を記載する。

Ｖ－２　不動産の譲渡所得税申告に係る取得費不明とそのエビデンス

> **Q** 不動産の譲渡所得税申告に係る取得費不明とそのエビデンスについて教えてください。

> **A** 不動産関連と証拠資料というテーマでは必ず言及される論点です。証拠に係る検証を随時行いますが、実務ではさまざまな考え方、手法が錯綜する論点であり、これらについても適宜触れます。
> 　なお、本稿脱稿時点では原則として市街地価格指数は使ってはいけません。

【解　説】

　取得土地については、
・住宅地はおおよそ昭和40年前後
・商業地は昭和30年半ば前後
　を目途に概算取得費、つまり売却価額の５％と市街地価格指数による取得費は逆転する傾向にあるといわれています。

　昭和40年取得前は概算取得費有利、それ以降は市街地価格指数有利になります。当然、調査しなければ断定できないため、上記はおおよその目安です。

　しかし、平成30年７月31日裁決等、近年の裁決事例等から勘案すると市街地価格指数による方法を当初申告においても利用すべきではないと考えられます。

　取得費不明の場合の現実的な対応方法は、各種ありますが、不動産鑑定士と協働すべきです。

（長期譲渡所得の概算取得費控除）

第31条の4　個人が昭和27年12月31日以前から引き続き所有していた土地等又は建物等を譲渡した場合における長期譲渡所得の金額の計算上収入金額から控除する取得費は、所得税法第38条及び第61条の規定にかかわらず、当該収入金額の100分の5に相当する金額とする。ただし、当該金額がそれぞれ次の各号に掲げる金額に満たないことが証明された場合には、当該各号に掲げる金額とする。

一　その土地等の取得に要した金額と改良費の額との合計額

二　その建物等の取得に要した金額と設備費及び改良費の額との合計額

につき所得税法第38条第2項の規定を適用した場合に同項の規定により取得費とされる金額

租税特別措置法通達31の4－1

（昭和28年以後に取得した資産についての適用）

31の4－1　措置法第31条の4第1項の規定は、昭和27年12月31日以前から引き続き所有していた土地建物等の譲渡所得の金額の計算につき適用されるのであるが、昭和28年1月1日以後に取得した土地建物等の取得費についても、同項の規定に準じて計算して差し支えないものとする[12]。

　取得費は当初申告において契約書等添付は必要とされません。取得費が不明又は契約書等のエビデンスがない、そういった理由だけで、実際の取得日がおおよそ昭和40年以降の比較的新しい不動産についても、概算取得費を使うのは不利です。

---

12 逐条解説でも、「納税者の利益に反しない限り、昭和27年12月31日以前から引き続き所有していた土地建物等の取得費と昭和28年1月1日以後に取得した土地建物等の取得費の計算方法を異にしなければならない特段の理由は存在しない。」（一色広己編『平成26年版　譲渡所得・山林所得・株式等の譲渡所得等関係　租税特別措置法通達逐条解説』大蔵財務協会、209－300頁）と述べ、税務署職員は、納税者の利益に反しない限り、昭和28年1月1日以後に取得した土地建物等の取得費を5％としてもよいとしています。

　こういった場合、当初申告で概算取得費を適用後に後日、実際の取得費が判明した場合、更正の請求は可能であったのが従来実務です。概算取得費とは別の取得費算定方法の１つである、市街地価格指数とは、

・一般財団法人日本不動産研究所が全国主要198都市で選定された宅地の調査地点について、

・日本不動産研究所の不動産鑑定士等が年２回価格調査を行い、

・これらを基に宅地の価格を指数化したもの

をいいます。このように、これは、個別具体的な土地の価格については証明していません。にもかかわらず、従来、一般的に利用される契機となったのが、平成12年11月16日裁決です。

（取得価額の認定）

　土地・建物を一括して譲渡した場合において、それぞれの取得価額が不明なときには、①先ず建物の取得費をＮ調査会が公表している着工建築物構造単価から算定し、②次いで土地の取得費は、譲渡価額の総額から建物の取得費を控除し、土地の譲渡価額を算定した上で、譲渡時に対する取得時の市街地価格指数（住宅地）の割合を乗じて算定した事例（平12－11－16裁決）（TAINSコードJ60－２－19）

　上記裁決によると、納税者は、土地（宅地）建物、農地を3,000万円で一括購入していますが、全て宅地の取得費と主張しています。一方で、審判所は実額で算定できないので、取得時の時価相当額を推計すべきと判断しています。特に取得日が昭和59年である宅地については譲渡時に対する取得時の六大都市を除く市街地価格指数（住宅地）の割合を乗じて推計する方法を認容しています[13]。

13なお、これを契機に広まった市街地価格指数による取得費計算方法ですが、当初申告を概算取得費で行い、更正の請求を市街地価格指数による取得費によった場合、それは通るか、という実務論点があります。

　この点、国税通則法第23条の原則によれば、できないと読みとれます。

　更正の請求を行う場合、取得費の事実を証明する書類の添付が必要となり、市街地価格指数では、先述の通り、個別具体的な土地評価を証明しているものに該当しないため、取得費の事実を証明する書類とはならないものと考えられ、更正の請求

　当初申告でも、市街地価格指数による取得費はその採用自体に疑義が生じるケースが近年の裁決例から読み取ることができます。以下では、過去の裁決例を検証します。なお、現実の取得日は重要な考慮要素となるため、それも付します。

○平成 8 年12月20日裁決…取得日は昭和40年
　納税者は市街地価格指数採用、審判所は概算取得費を採用しました。

○平成10年 6 月16日裁決…取得日は昭和43年
　納税者は相続税財産評価基準額を基に算定した代物弁済価額採用、審判所は昭和54年 7 月の基準地価格を基に市街地価格指数で推計しました。「納税者が取得費について主張しているのであるから、概算取得費の規定には該当しない。」と裁決しています。

○平成15年 3 月19日裁決…取得日は昭和47年、昭和62年
　納税者は契約書記載金額等、審判所は昭和47年取得分については、概算取得費を採用、昭和62年取得分取得については、契約書等記載金額を採用しています。

○平成17年 3 月15日裁決…取得日は不明です。
　納税者は譲渡価額を基に公示価格の変動率から推計しました。審判所は概算取得費を採用しました。

はできないと考えられるからです。
　しかし、「明らかに」概算取得費が「おかしい」と考えられる場合については課税実務では更正の請求というチャレンジをしている傾向もあるようです（かなり昔ですが所轄によっては容認された事例もあったようです）。
　なお、これは当局側の処理の問題もあります。当初申告でも、更正の請求でも当局の処理基準は同様で、更正の請求で認められないものは、当初申告で出しても調査により否認されるのが課税の公平・中立性から考えると当然のことです。
　しかし、当局側では当初申告については、すべての申告案件の中から、疑義ある案件の抽出調査を行い、内容を是正していくのに対し、更正の請求の場合、当該請求案件ごとに、審理にかけられるため、必然的に後者の方が見る目が厳しくなります。
　課税実務においては、挙証責任の原則も働き、当初申告では、当局側が取得費の誤りについて証拠提示が必要ですが、更正の請求案件では、納税者側が正しい取得費を証明することが必要になります。すなわち、更正の請求は認容されにくいのです。

○平成26年3月4日裁決…取得日は、昭和38年から昭和40年にかけての複数物件です。

　納税者は譲渡価額を基に市街地価格指数の変動率から推計しました。

　裁判所は概算取得費を採用しました。

　市街地価格指数による取得費採用についてかなり難色を示しているのが分かります。裁決において、

　「市街地価格指数は、個別の宅地価格の変動状況を直接的に示すものではないから、これに基づき算定した金額は、亡父が本件各土地を取得した時の市場価格を適切に反映するものとはいえず、」

　「また、請求人が採用した同指数は、六大都市市街地価格指数であるが、本件各土地は六大都市以外の地域に所在するものであり、取得当時の地目はいずれも畑であって宅地でないことから、本件各土地の地価の推移を適切に反映したものとはいえない。」

　とあります。

　裁決の最大のポイントは地目の同一性といえます。

○平成29年12月13日裁決…取得日は昭和41年

　納税者は地価公示価格から推計しています。審判所は売主が作成した土地台帳を基にしています。

　事案によって異なりますが、審判所は現地調査を行います。その結果、上記の売主が作成した土地台帳等、証拠の確実性の高いものを入手した場合にはそれを採用します。

○平成30年5月7日裁決…取得日は相続取得（非常に古いと推定される）

　納税者は市街地価格指数及び路線価から推計し、審判所は概算取得費を採用しました。この裁決においても、

　「本件土地は、請求人の父が取得した当時、宅地としての利用状況になかった。」

　としており、上記の地目のみならず、

利用状況についても判断要素となることが分かります。

○平成30年７月31日裁決…取得日は相続取得（非常に古いと推定される）

　納税者は市街地価格指数を採用し、審判所は概算取得費を採用しました。この裁決が従来と決定的に異なるのは

・市街地価格指数による取得費算定方法を全面的に否定した、

ということです。

　「市街地価格指数は、個別の宅地価格の変動状況を直接的に示すものということはできず、」

　「六大都市を除く市街地価格指数については、三大都市圏を除く政令指定都市及び県庁所在都市（県庁所在都市等）以外の調査対象都市は公表されていないところ、本件土地は県庁所在都市等に該当しない都市に所在しており、さらに、本件土地の所在する都市が調査対象都市かどうかを確認し得ないことからすれば、」

　「請求人が請求人主張額の算定に用いた六大都市を除く市街地価格指数が、本件土地の市場価格の推移を反映したものであるということはできない。」

　従来は、地目、宅地の利用状況で否認されていました。しかし、当該方法自体の利用が否認されたという事案です[14]。

　今後利用するにあたっては、最低限下記は遵守する必要があります。

・地目の確認は「必須」。地目変化、もしくは利用状況変化の場合、市街地価格指数はとらない。

　　原則として現在では当初申告においても市街地価格指数を利用してはならない、と考えますが、納税者の希望でどうしても採用したいという場面もあるでしょう。この場合、納税者へ説明責任を十分果たし、下記の最低限の条件を満たした時には採用できるか検討します。

・地目の同一性（地目が宅地等）

・利用状況は同じ

---

14 この裁決の背景には、市街地価格指数による取得費を公式に認めると更正の請求が増加するため、それを防ぎたい、という思惑も穿ってみれば汲み取れます。

・購入先が純然たる第三者

・交換や買換え等の特例の適用での取得でない

・売却土地の所在地域の地価が概ね市街地価格指数と同水準で価格推移
　をしている

・・・→

　できうる限り類似地域の指数を取得し、類似地域からあまりに離れた
地域では市街地価格指数はとらない。

　代替として不動産鑑定士に取得日時点の鑑定評価を依頼する手段も考
えられます。過去時点の鑑定評価は、対象不動産の確認等が可能であり、
かつ、鑑定評価に必要な要因資料及び事例資料の収集が可能な場合に限
り行うことが可能です。

　例えば、取得日時点の取引事例、地域要因、個別的要因資料の入手が
可能であれば過去時点の鑑定評価は可能といわれています。昭和50年
代の事例資料（取引事例）は不動産鑑定士であれば、各都道府県の不動
産鑑定士協会で入手することは可能です。ただし、昭和40年代はない
場合が多いと思われます。現行の地価公示制度が昭和45年から始まっ
たためです。

　不動産鑑定士に依頼せず、税理士等が独力で古い取得日を推計するこ
とは下記の手段の範囲内において可能です。

　過年度の路線価全国分については、国立国会図書館、もしくは、各都
道府県を代表する図書館（県立総合図書館等）で確認できます。過年度
（公示制度が始まった昭和45年からの分）の公示価格については、国土
交通省のホームページで閲覧は可能です。

・**閉鎖謄本　閉鎖事項証明書**

　現在の閉鎖謄本では建物取壊し（要するに消滅）等々の理由があった場合、次頁の書式を使用します。建物の情報はありますが、これから土地を推定することはなかなか困難です。

　ただしざっくりと保守的に、つまり評価額として最小にするということ等々をすれば認められる可能性はあります。

■■県■■郡■■町大字■■■■2■−2　　　　　　閉鎖事項証明書　　　　　（建物）

表 題 部 （主である建物の表示）		調製	平成■■年■月■■日	不動産番号	030■■■■■■■■■■
所在図番号	余 白				
所 在	■■郡■■町大字■■■■字■■ ■2■番地2			余 白	
家屋番号	■2■番2			余 白	

① 種 類	② 構 造	③ 床 面 積 ㎡	原因及びその日付〔登記の日付〕
居宅		■■■・■■	昭和■■年■月■■日新築
余 白	余 白	余 白	昭和63年法務省令第37号附則第2条第2項の規定により移記 平成■■年■月■■日
余 白	余 白	余 白	平成■■年月日不詳取壊し 〔令和■■年■月■■日 同日閉鎖〕

権 利 部 （ 甲 区 ） （所 有 権 に 関 す る 事 項）			
順位番号	登 記 の 目 的	受付年月日・受付番号	権 利 者 そ の 他 の 事 項
1	所有権移転	昭和■■年■月■■日 第■■■■■■号	原因　昭和■■年■月■■日相続 所有者　■■郡■■町大字■■■■2■番地 ■■■■■■■■ 順位2番の登記を移記
2	余 白	余 白	昭和63年法務省令第37号附則第2条第2項の規定により移記 平成■■年■月■■日

　これは閉鎖された登記記録に記録されている事項の全部を証明した書面である。ただし、閉鎖された登記記録の乙区に記録されている事項はない。
（■■■■地方法務局■■支局管轄）
令和■■年■月■■日
■■■■地方法務局■■出張所　　　登記官　　　　　　　　■■　■■　■■　■■

＊　下記のあるものは抹消事項であることを示す。　　　整理番号　K3■■■■■■　（1/1）　1/1

　現在の閉鎖謄本では土地について取得することはほとんどありません。

　取得年月日、金額推定を把握するには、限界がありますが、現在のコンピュータ化する前の謄本を取得します（コンピュータ化に伴った閉鎖謄本という意味で、上掲の閉鎖謄本とは全く意味が異なります）。

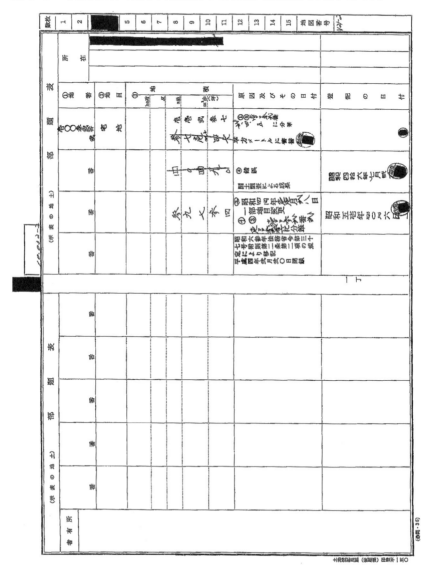

　なお、最近のものについては全部事項証明書があれば金額を推定するには十分です。

■■県■■郡■■町大字■■■2■－2				全部事項証明書	（土地）
表　題　部　（土地の表示）		調製 平成■■年■月■■日		不動産番号 0■■■■■■■■■■■	
地図番号 余　白		筆界特定 余　白			
所　在 ■■市■■字■■				余　白	
① 地　番	②地　目	③ 地　　　面　　　㎡		原因及びその日付〔登記の日付〕	
■5■番■2	畑		■■■	余　白	
余　白	と口		■■■	②③平成■年■月■■日地目変更〔平成■年■月■■日〕	
余　白	余　白	余　白		管轄転属により登記 平成■■■年■月■■日	

権　利　部　（甲区）　（所　有　権　に　関　す　る　事　項）			
順位番号	登　記　の　目　的	受付年月日・受付番号	権　利　者　そ　の　他　の　事　項
1	所有権移転	平成■■年■月■■日 第7■■■号	原因　真正な登記名義の回復 所有者　■■市■■区■■■町2■番地■ ■■■■■■ 順位2番の登記を移記
	余　白	余　白	管轄転属により登記 平成■■■年■月■■日
2	所有権移転	令和■年■月■■日 第4■■■号	原因　平成■年■月■■日相続 所有者　■■市■■■3番地の5■
3	所有権移転	令和■年■月■■日 第5■■■号	原因　令和■年■月■日相続 所有者　■■都■■区■■■丁目■番■号 ■■■■■■

　　これは登記記録に記録されている事項の全部を証明した書面である。ただし登記記録の乙区に記録されている事項はない。
（■■■■地方法務局■■出張所管轄）
令和■年■月■日
　　■■■■地方法務局■■出張所　　登記官　　■　■　■　■

＊　下記のあるものは抹消事項であることを示す。　　　　整理番号　K1■■■■■■　（ 1／1 ）　　1／1

買戻特約の登記
【所有権を目的とする場合】

権利部（○区）(所有権に関する事項)

順位番号	登記の目的	受付年月日・番号	権利者その他の事項
○	所有権移転	令和○年○月○日 第△△△号	原因　令和○年○月○日売買 所有者　○市○町○番地 　　○○　○○
付記○号	買戻特約	令和○年○月○日 第△△△号	原因　令和○年○月○日特約 合意金額　金○万円 契約費用　金○万円 期間　令和○年○月○日から○年間 買戻権者　○市○町○番地 　　○○　○○

・決済時の書類、仲介業者作成のメモ

・日記帳、通帳

・取引相手方、仲介業者の保有資料（申告書、台帳等）

・古い住宅地図で状況の変化を確認

［住宅地図の例］

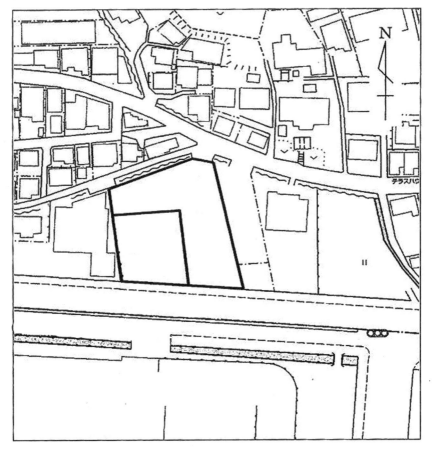

・古い路線価格、公示価格、基準地価格

[路線価図の例]

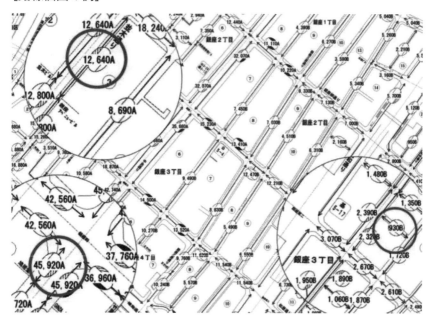

・当時の売買実例（登記から近隣地の取引を把握）

・当時契約書に貼付した印紙の金額から、本人の記憶と合わせながら実
　額推認

が挙げられます。

V－3　個人地主の法人化に係る株価の論点

> **Q** 個人地主の法人化に係る株価の論点についてご教示ください。

> **A** 下記のような論点がありますが、通説はありません。

【解　説】

　不動産所有型法人の場合、地主が建物と土地を持っているところを、不動産所有型法人を設立して、建物だけを不動産所有型法人に売却するという形で行われます。

（1）従来実務通説（現時点では採用されない）

　建物は、原則として「所得税法上の簿価で売却」することになることが多いと思われます（参照：下記従来通説、現在下記の説は一切採用されていません。）。

　しかし、簿価で売却してはいけないパターンが２つあります。

　１つは簿価が１円の場合、もう１つは所得税法上の（主に買換えの）圧縮記帳の適用、特別償却の適用を受けている場合です。

　１円簿価の場合は不動産鑑定評価額にする必要があり、所得税法上の圧縮記帳の適用を受けた建物であれば、その圧縮記帳の適用を受ける前の簿価に引き直して売らなければなりません。

　ちなみに、所得税法上の簿価が売却時の時価である根拠としては下記が考えられます。「所得税法上の減価償却は法人税法上と異なり、強制償却である。償却方法も耐用年数も法令に従ったものである。これを時価といわずして何を時価というのか」というものです（以上、従来実務通説）。

　当然、売却時の時価いかんによってはみなし譲渡認定の可能性もあるので留意が必要です。

（2）純資産価額を計算する場合の帳簿価額

　純資産価額を計算する場合の評価差額を計算するための「帳簿価額」については、課税時期における税務上の帳簿価額を記載することになります。

　減価償却方法の変更や耐用年数の変更があったとしても、税務計算の結果の減価償却累計額を控除した後の未償却額を「帳簿価額」とします。

　したがって、償却方法及び耐用年数に償却の途中で変更があった場合でも、変更後の減価償却方法及び耐用年数で改めて計算し直す必要はありません（『株式・公社債評価の実務』（大蔵財務協会発行）186頁、個別通達2.12.27直評23ほか「相続税及び贈与税における取引相場のない株式の評価明細書の様式及び記載方法等の改正について」の一部改正について（法令解釈通達）第5表(2)帳簿価額）。

　従来実務通説でもみなし譲渡発動の可能性は指摘されていました。現在ではこれへの対策から不動産鑑定士に依頼する手法が主流です。

　その他として、

・不動産業者からの買付証明書を複数取得し、その平均値を採用
・建築価額を求め、居住用建物に適用される耐用年数により控除した未償却残高
・・・→
・標準建築単価　国税庁「建物の標準的な建築価格表」を利用
　※これは譲渡所得税申告全般で利用できます。そしてこれがエビデンスとなります。

重要情報

○法人事例0106　法人成りに当たっての注意事項

〔問〕　個人事業の法人成りに当たり、どのようなことに注意すればよいか。（TAINSコード　法人事例000106）
　（一部抜粋）
4　減価償却資産の引継ぎ
　減価償却資産の適正時価を法人の取得価額とする。この時価が明らか

でないときは、法基通9－1－19（減価償却資産の時価）による。

　そして、減価償却については、中古資産の耐用年数を適用して償却する。〔TAINSコード　法人事例000103参照〕

Ⅴ－4　不動産所得の実質判定とそれに係るエビデンス

> **Q** 不動産所得の実質判定とそれに係るエビデンスについてご教示ください。

> **A** 下記の国税情報の判決速報は典型的な実質基準判定です。そして実態、各証拠から事実認定された典型事例ともいえます。
>
> 　実態把握のための具体的な証拠まで言及されていませんが、実態把握のために相当数のエビデンスはかき集めているはずです。不動産所得該当性は非常に争点になりやすいため、実態把握の段階でこれは「不動産所得に該当しない」という明確な証拠がない限り、多くの場面で不動産所得に該当することになると考えられます。

【解　説】

○その他行政文書　調査に生かす判決情報074

情報　調査に生かす判決情報第74号　平成29年5月　〜判決（判決速報№1428【所得税】）の紹介〜　東京国税局課税第一部国税訟務官室（平成29年3月17日）

《ポイント》

　不動産の貸付けに関連して得られる金員は、名目のいかんにかかわらず、その性質や支払の経緯に着目して、不動産所得該当性を判断しよう！

（事件の概要）

1　X（納税者）の父（平成14年死去。以下「亡父」という。）は、平成13年4月1日、その所有する共同住宅（以下「本件共同住宅」という。）について、A社と10年間の一括借上契約（以下「本件借上契約」という。）を締結してA社から借上料の支払を受け、A社は、転貸借契約を締結した本件共同住宅の各入居者から、毎月家賃及び共益費の支払を受けていた。

　なお、上記の転貸借契約においては、共益費は、本件共同住宅の共用部分等の維持管理費等に使用され、余剰金が生じた場合、Ａ社の翌事業年度に繰り越され、入居者に返還されないものとされていた。

2　相続により本件共同住宅を取得し本件借上契約を承継したＸは、本件借上契約の終了に伴って、転貸借契約に基づく賃貸人たる地位をＡ社から承継するとともに、平成23年４月１日、Ａ社と確認書を取り交わし、同年７月15日、Ａ社から、Ａ社が各入居者から徴収し管理していた共益費の余剰金（以下「本件余剰金」という。）の支払を受けた。

3　Ｘは、本件余剰金を各種所得に含めずに平成23年分の所得税の確定申告等を行ったところ、Ｙ（課税庁）が、本件余剰金について、Ｘの一時所得に当たるとして所得税の更正処分等をした後、Ｘの不動産所得に当たるとして増額再更正処分等を行ったことから、その取消しを求めて、本訴を提起した。

【概要図】

1　本件借上契約期間中（平成 13 年 4 月～平成 23 年 3 月）

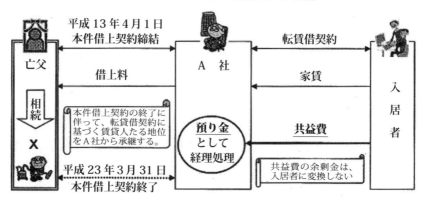

2 本件借上契約終了後（平成23年4月〜）

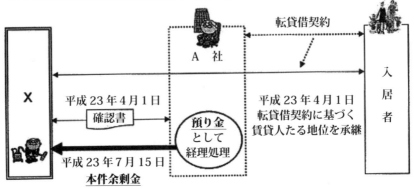

（本件の争点等）

　本件借上契約の終了により、XがA社から支払を受けた本件余剰金は、Xの不動産所得に該当するか否か。

（Xの主張）

　Yは、Xに対し本件余剰金を不動産所得として増額再更正処分をして課税したが、以下の各点からして、本件余剰金は預り金と解すべきであり、不動産所得ではない。

1　本件余剰金は、A社において預り金として経理処理されていたのであり、本件借上契約の終了に伴い、次の管理者であるXがA社から引き継いだものであるから、当然にXの下でも預り金となり、所得とはならない。

2　本件共同住宅に係る共益費には、入居者のためにのみ使用すべきという使途の限定があり、使途を限定された本件余剰金が、Xの所得になるとは考えられない。

（国の主張）

　本件において、国側は、本件余剰金について、以下のとおり主張した。

1　本件余剰金は、A社において入居者に返還を要するものではなく、実際にA社からXに引き渡されたものであり、Xにおいて外部からの経済的価値の流入があったことは明らかであるから、Xの所得に該当する。

2　不動産所得には、その典型例である賃料に加え、副収入・付随収入といったものも含まれ、その範囲は、貸付けの対価に限定されないし、貸付けの相手方から得られるものに限定されることもないものと解されるから、本件余剰金は、Xによる本件共同住宅の貸付けに付随して生じた収入であると認められ、所得税法26条1項に規定する不動産の貸付けによる所得に該当する。

（裁判所の判断）

1　本件余剰金は、本件共同住宅の賃貸人としての義務を履行する費用に充てるために入居者から徴収し、入居者に返還する義務のない共益費部分について、本件借上契約期間中、A社がXから委託を受けてその義務の履行を引き受けていたことから、一時的にその管理をしていたところ、本件借上契約が終了した際のA社の収支において、A社が、繰り越すべき余剰金として確定するとともに、その管理を終了してXに復帰させることとなった金員というべきであるから、本件共同住宅の貸付けによりXに対してもたらされた経済的価値の流入であるということができるとともに、その収支確定の時点においてXの収入すべき金額として確定したものということができる。

　　したがって、XがA社から本件余剰金の支払を受けたことは、Xの平成23年分の不動産所得に該当するというべきである。

2　本件余剰金の使途が限定されているとしても、本件余剰金の具体的な内容は、本件共同住宅を使用及び収益させ、必要な修繕をするという、もともとXが本件共同住宅の賃貸人として負う義務の履行に相当するものであり、本来家賃収益の中からその義務を履行するための費用を拠出するのでも差し支えないものを、「共益費」の名目で別に徴収している金員の中からこれに充てることを明示しているにすぎない。

　　このように家賃と同じ実質を有している金員について、名目のいかんによって所得となるか否かを異にするような取扱いを認めることは、課税の公平を害する結果になり、ひいては一般論として不適切な課税の回避に利用されることにもなりかねず、相当でないというべき

である。（※下線筆者）

（国税訟務官室からのコメント）

1　不動産の貸付けに関連して得られる金員の不動産所得該当性

　　所得税法26条1項は、不動産所得とは不動産等の「貸付け（中略）による所得」をいう旨規定しており、その典型的なものは、賃貸人が賃借人に対し不動産等を使用・収益させて得られる賃料である。

　　ところで、同項の「貸付けによる所得」については、その範囲を限定的に判断する裁判例も存在することから、不動産等の貸付けに関連して得られる金員について、その実態が「貸付けによる所得」に該当するか否かに疑義が生じるケースがある。

2　本件における原処分等の経緯

(1)　本件余剰金（共益費）について、原処分では、「一時所得」に当たるとして更正処分が行われたが、その後、本件余剰金は、本件共同住宅の入居者に返還を要しないものであり、Xが自身の不動産所得の必要経費として支出する金額の補てんを受けたものと認められることから、「不動産所得」に当たるとして再更正処分が行われた。

　　なお、本件においては、異議決定に際し、本件余剰金は、Xが自身の不動産所得の必要経費として支出する金額の補てんを受けたものにほかならず、本件共同住宅の貸付けの対価そのものとまではいえなくとも、所得税法施行令94条1項2号に規定する収益の補償として取得する補償金その他これに類するものと認められることから、「不動産所得」に当たる旨判断したことを受けて、再更正処分が行われた。

(2)　Xは、上記(1)の再更正処分を不服として、前記「Xの主張」のとおり、本件余剰金は、Xの預り金であり、そもそも所得に該当しない旨主張した。

　　これに対し、国側は、前記「国の主張」のとおり、本件余剰金はXによる本件共同住宅の貸付けに付随して生じた金員であると認められ、所得税法26条1項に規定する「貸付けによる所得」に該当する旨主張した。

３　本件における裁判所の判断過程

　本件において、裁判所は、まず、Ａ社と入居者の間の転貸借契約における共益費の性質及びＡ社からＸに対する本件余剰金の支払の性質を検討した上で、本件余剰金がＸの不動産所得に該当すると判断し（前記「裁判所の判断」１）、本件余剰金は「家賃と同じ実質を有している金員」であるとした（同２）。

⑴　共益費の性質本件の転貸借契約における共益費の使用目的は、①本件共同住宅の共用部分等の維持運営に要する費用に当たるものと、②それ以外のもの（入居者が共同して使用する電気、水道及びガスの使用料並びにごみ処理に要する費用）から成る。

　　①について、賃貸借契約は、賃貸人が賃借人に対し賃貸物の使用及び収益をさせる契約であり（民法601条）、賃貸人は、賃貸物の使用及び収益に必要な修繕をする義務を負うとされている（同法606条１項）ことからすると、これを入居者から徴収することは、本件共同住宅の使用・収益やそのために必要な修繕に要する費用を入居者に転嫁する実質を有するものであり、かつ、転貸借契約上、共益費に余剰金が生じたとしても、翌年度に繰り越し、入居者に返還しないものとされている。

　　一方、②は、Ａ社において随時その実費額を支払ってきていると考えられ、それ自体、剰余金が生じるような性質のものではないと解される。（※下線筆者）

⑵　Ａ社からＸに対する本件余剰金の支払の性質

　　Ａ社においては、借上型住宅における入居者から徴収する共益費は、一括借上契約終了後、その余剰金を所有者に引き渡すべきものとなることを前提に、「預り金」として経理処理している。これは、Ａ社との間の委託契約が締結された結果、本来は亡父又はＸにおいて行うべき本件共同住宅の維持・修繕に使用するために入居者から支払を受ける共益費の管理運営が、Ａ社に委託されていることを反映した経理処理であると考えられる。

　　これらのことからすると、Ａ社からＸに対する本件余剰金の支払

は、もともと本件借上契約に基づいて、亡父又はＸが負っていた、本件共同住宅を使用及び収益させ、必要な修繕をする義務について、同契約の終了に伴い、その義務をＡ社に委託していた契約も終了するに至ったことから、上記義務を履行するために充てられる費用が、Ａ社からＸのもとに復帰したものであると解することができる。

(3)　まとめ

裁判所は、国側が本件余剰金は「不動産の貸付けに付随して生じた収入」である旨主張したことに対し、明確な判断を示さなかったものの、前記「裁判所の判断」２のとおり、本件余剰金を「家賃と同じ実質を有している金員」と認め、ほぼ国側主張に沿った判示をした。本件において、<u>共益費の性質や本件余剰金の支払の性質を検討し、本件余剰金は不動産所得に該当するとした裁判所の判断過程は、不動産等の貸付けに関連して得られる金員（付随収入）の所得該当性や所得区分を判断</u>（※下線筆者）する上で、実務の参考となると思われる。

重要情報1

○その他行政文書　調査に生かす判決情報050

情報　調査に生かす判決情報第50号　平成28年３月　～判決（判決速報№.1377【所得税】）の紹介～東京国税局課税第一部国税訟務官室（平成28年１月21日）

《ポイント》

契約に基づいて受領した金員の所得該当性を判断するに当たっては、契約書の記載内容のみならず、契約に至るまでの経緯等も精査することが重要である。

（事件の概要）　※旧民法下での論点です（瑕疵担保責任等々）。

1　本件は、Ｘ（納税者）が、Ｘの住居が所在する建物の売主であるＡ社と同建物の管理組合（以下「本件管理組合」という。）との間で締結された和解契約に基づきＡ社から受領した金員が、所得税法所定の

非課税所得に係る損害賠償金に該当するか否かが争われている事案である。

2　Ⅹは、平成元年、Ａ社との間で、Ａ社が分譲した団地（以下「本件団地」という。）の低中層棟の一室（以下「本件住宅」という。）に係る住宅譲渡契約を締結し、本件住宅の所有権の移転を受けるとともに同住宅に居住していた。

　　なお、上記住宅譲渡契約には、Ａ社は①本件住宅等について瑕疵担保責任（旧民法）を負わないこと、②本件住宅等の引渡しの日から2年間、本件住宅等の瑕疵を補修すること、③建物の構造躯体の構造強度に影響を及ぼす変形及び破損については、上記②にかかわらず、保証期間を10年として補修することが定められていた。

3　平成12年、本件管理組合が行った大規模修繕工事を契機として、本件団地の各建物の躯体に大規模な不具合があることが発覚した。Ａ社は、当該不具合を補修する工事を実施したところ、他にも多数の不具合があることが発覚したことから、Ａ社は、本件団地の各建物の瑕疵に係る問題（以下「本件瑕疵問題」という。）の解決を図るべく、本件管理組合との間で交渉を行った。

　　交渉において、Ａ社は、本件管理組合に対し、本件団地の各住宅の分譲に係る契約ではＡ社は瑕疵担保責任を負わないが、瑕疵を補修する旨を約定しているので、瑕疵について早期に補修を行い、住宅の品質等を回復させることがＡ社の責務であると考えている旨、瑕疵の発生規模が広範囲にわたり、その補修工事に当たって居住者に長期間の仮移転を強いるなどの多大な迷惑と不便をかけていることから、本件団地の各建物の各区分所有者に対して一定の金員（330万円）を支払うことにより本件瑕疵問題を解決したいと考えている旨、当該金員の性格又は位置付けについては、Ａ社が瑕疵担保責任を認めるものではなく、損害賠償としての慰謝料ではない旨などの考え方を明らかにした。

　　これに対し、本件管理組合は、補修工事ではなく、改築工事の実施をＡ社に求めたため、両者の間で合意が成立するには至らなかった。

　　そこで、Ａ社は、第二東京弁護士会仲裁センターに対し、本件管理組合を相手方とする和解あっせんを申し立てた（以下、当該申立てに係る和解あっせん手続を「本件和解あっせん手続」という。）。

4　本件和解あっせん手続において、あっせん人が、Ａ社に対し、本件団地の低中層棟については改築工事を実施することを提案したところ、Ａ社は、あっせん人の提案を受け入れる意向を示す一方で、補修工事の実施で対応できる瑕疵について、あえて費用の負担が増加する改築工事を実施するのであるから解決金の支払はしない旨の意向を示した。

　　これに対し、本件管理組合は、従前、Ａ社から解決金を支払う旨の提案がされており、補修工事を改築工事に変更したからといって解決金を支払わないというのでは、各区分所有者の納得を得ることができないとして、かねて提案していたとおりに解決金を支払うよう求めるなどしたため、合意には至らなかった。

　　そこで、あっせん人は、従前、Ａ社が330万円の解決金を支払う旨の提案をしていたことなどを考慮した上で、Ａ社が瑕疵問題の抜本的な解決を図るという観点から、費用の大幅な増加が見込まれるにもかかわらず、早期に改築工事の実施を決断したことを評価し、1割程度を減額して本件団地の低中層棟の各区分所有者に対して1戸当たり300万円の解決金を支払うものとする旨の和解案を提示したところ、Ａ社及び本件管理組合は、あっせん人の和解案を受け入れる意向を示した。

5　平成16年、Ａ社及び本件管理組合は、本件瑕疵問題の解決について、和解契約（以下「本件和解契約」という。）を締結した。なお、本件和解契約には、おおむね以下のとおり定められていた。

⑴　本件管理組合及びＡ社は、本件団地の各建物のうち低中層棟について、改築を行うことに合意し、相互に協力してその円滑な実施を図るものとする。

⑵　本件団地の各建物のうち低中層棟の各区分所有者が、自己の専有部分に係る内装及び設備のメニュー工事及びオプション工事（以下

「メニュー・オプション工事」という。）を希望する場合には、各区分所有者に当該工事に要する費用を負担させる。

(3)　A社は、本件団地の各建物のうち低中層棟の各区分所有者に対し、本件瑕疵問題のうち、低中層棟に係るものの解決に関して、1戸当たり300万円を支払う。

(4)　本件団地の各建物のうち低中層棟の改築の実施に伴い、登記手続費用が発生する場合の登録免許税並びに当該手続を行う土地家屋調査士及び司法書士の業務費用並びに新建物に不動産取得税が課される場合の当該課税相当額は、A社が負担する。

(5)　本件管理組合及びA社は、上記(3)の解決金等に関して、A社と本件団地の低中層棟の各区分所有者との間で所定の確認書を取り交わして処理することに合意する。

(6)　本件管理組合とA社は、本件和解契約に定めるほか、本件瑕疵問題のうち低中層棟に係るものに関して何らの債権債務のないことを相互に確認する。

6　平成17年4月、A社は、本件団地の低中層棟の改築工事等に着手し、同工事等は平成20年12月に完了した。Xを含む本件団地の低中層棟の各区分所有者は、順次、新建物に入居した。

この間、A社は、平成20年10月、上記低中層棟の各区分所有者に対し、改築工事等完了後の新建物への入居等に関する説明会を開催した。この説明会においてA社が配付した資料には、解決金は、一時所得として確定申告の対象となる旨記載されていた。

7　XとA社は、本件和解契約に基づく解決金等の支払についての確認のため、平成20年11月に「解決金等の支払に関する確認書」と題する書面（以下「本件確認書」という。）を取り交わした。なお、本件確認書には、おおむね以下のとおりの記載があった。

(1)　A社は、Xに対し、本件住宅に関する瑕疵補修問題を解決するに当たり、解決金（以下「本件解決金」という。）を支払うものとし、当該解決金の金額は300万円とする。

(2)　A社は、上記(1)の解決金の額からメニュー・オプション工事の代

金を差し引いた残額をXに支払うものとする。

(3)　Xが本件住宅を取得する際に登記手続費用が発生する場合には、A社は、登録免許税のほか、土地家屋調査士及び司法書士の費用を負担し、また、Xが本件住宅を取得した際の不動産取得税も、A社が負担するものとする。

(4)　Xは、本件住宅の瑕疵補修問題に関し、本件確認書及び本件和解契約に定めるもののほか、解決金等名目のいかんを問わず、今後、A社に一切の金銭その他の請求を行わないものとする。(※下線筆者)

8　平成21年2月、A社は、上記7(2)に基づき、本件解決金（300万円）からメニュー・オプション工事の代金を差し引いた残額をXに支払った。

　　なお、A社は、本件解決金とは別に、仮移転先に居住していたことに伴い支出した交通費、トランクルーム保管料、引越費用及びその他の移転雑費の実費等（合計381万3,920円）もXに支払っていた。

9　Xは、平成21年分の所得税について、本件解決金を含めることなく法定申告期限までに確定申告をしたところ、Y（課税庁）は、本件解決金は一時所得に該当するとして、平成21年分所得税の更正処分及び過少申告加算税の賦課決定処分を行った。

10　Xは、上記9の各処分の取消しを求め、適法な不服申立て手続を経て、東京地方裁判所に訴訟提起したところ、同裁判所は、平成27年2月、国側勝訴の判決を言い渡したことから、Xはこれを不服として、同月、東京高等裁判所に控訴した。

（本件の争点）

　本件解決金は、所得税法9条1項16号（平成22年法律第6号による改正前のもの。以下同じ。）所定の非課税所得に係る損害賠償金に該当するか否か。

（裁判所の判断）

1　非課税所得たる損害賠償金等について

　（中略）

2　本件解決金は、所得税法等所定の非課税所得たる損害賠償金等に該当するか

　(1)　認定事実によれば、Ａ社は、本件瑕疵問題の解決につき、当初は瑕疵の補修工事を実施するとともに補修工事に伴い区分所有者らに迷惑をかけることなどから解決金330万円を支払うことを提示していたものの、本件管理組合は、補修工事ではなく本件団地を建て直して分譲時のとおり復旧する改築工事を求めたこと、Ａ社は本件和解あっせん手続におけるあっせん人の提案を受け入れて本件団地の各建物のうちＸも居住する低中層棟については改築工事を実施することにしたものの、補修工事より費用負担が増加することから解決金の支払はしない旨の意向を示したこと、本件管理組合は解決金の支払を強く求め、あっせん人もこれまでの協議経緯などを踏まえて解決金として300万円を支払う和解案を提示したこと、最終的にはＡ社はあっせん人の和解案を受け入れて各区分所有者に対し１戸当たり300万円の解決金を支払う旨合意して本件和解契約が締結されたこと、本件和解契約において改築後の新建物の取得につき不動産取得税が課される場合の課税相当額等もＡ社が負担する旨合意されたこと、Ａ社は解決金の支払に当たって解決金が非課税所得ではなく一時所得として確定申告の対象となる旨説明していたこと、改築工事中の仮移転に伴いＸが支出を要した費用等は全てＡ社が負担したこと、以上の各事実が認められる。

　(2)　上記認定事実によれば、Ｘは、本件和解契約に基づき、Ａ社の費用負担により本件住宅を分譲時のとおり復旧する改築工事の実施を受けて新築同様となった本件住宅を取得してこれに見合った利益を受けたことが認められるほか、改築工事に伴い生ずる費用や仮移転に要した費用の支払も受けたのであって、他方、Ｘが本件瑕疵問題によって仮移転を余儀なくされたことなどにより受忍限度を超えて慰謝料による補填を要する精神的苦痛を受けたことを認めるに足りる証拠はない。したがって、本件解決金は、専ら本件瑕疵問題に基づくＸとの間の紛争を解決するために支払われたものであり、Ｘに

現実に損害が生じ、又は生じることが確実に見込まれ、かつその補填のために支払われたものであったとは認められないから、所得税法施行令30条1号及び2号所定の損害賠償金には当たらない。また、上記認定事実によれば、本件解決金は本件瑕疵問題に係る見舞金として支払われたものではなく、実質的にも、Xの社会的地位やA社との関係に照らしても本件解決金は本件瑕疵問題による見舞金としては多額に過ぎ、所得税法施行令30条3号所定の見舞金には当たらない。

　そうすると、本件の事実関係の下では、本件解決金は、所得税法9条1項16号にいう心身に加えられた損害又は突発的な事故により資産に加えられた損害に基因して取得する損害賠償金には当たらないと解するのが相当というべきである。

（国税訟務官室からのコメント）

1　本件は、XがA社から受領した解決金（本件解決金）の非課税所得該当性が争われている事案である。

　国側は、①本件の事実関係について、Xの本件解決金受領の根拠となる本件和解契約の契約内容及び本件確認書の記載内容のほか、本件団地の瑕疵発覚からXが本件解決金を受領するまでの経緯を整理した上で、②所得税法所定の非課税所得に係る損害賠償金とは、損害を生じさせる原因行為が不法行為の成立に必要な故意・過失の要件を満たすものである必要はないが、納税者に損害が現実に生じ、又は生じることが確実に見込まれ、かつその補填のために支払われるものに限られると解するのが相当であり、また、受領した金員の損害賠償金該当性は、当該金員をどのような名目で支払うこととしたのかといった授受当事者間の合意のみで決せられるものではなく、客観的にみて、当該金員が損害賠償金として評価できるか否かによって決すべきものであるとし、③本件の事実関係からすれば、本件解決金は、Xに現実に損害が生じ、又は生じることが確実に見込まれ、かつその補填のために支払われたものではないことを主張したところ、裁判所は、上記「裁判所の判断」記載のとおり、国側の主張に沿った事実認定を行った上

で、本件解決金は所得税法所定の損害賠償金には当たらないと解する
のが相当であると判断し、Ⅹの控訴を棄却した。

2　本判決における裁判所の事実認定からすれば、本件のように契約に
基づいて受領した金員については、契約書に記載された内容のみなら
ず、契約に至るまでの経緯等を精査して課税所得該当性を判断するこ
とが重要であり、また、契約の当事者から経緯等を聴取するに当たっ
ては、一の当事者だけではなく当事者双方から聴取を行い、それに係
る証拠を収集することによって、客観性の高い事実関係を把握し、よ
り精緻な判断をすることができることとなる。（※下線筆者）

3　なお、裁判所が認定したＡ社と本件管理組合との間の交渉過程や本
件和解あっせん手続における協議内容について、国側には当該事実関
係を立証するのに十分な証拠がなかったこと、また、Ⅹも上記交渉過
程等の当事者ではなく、Ⅹから証拠が提出される可能性も低かったこ
とから、訴訟段階でＡ社及び本件管理組合の双方に接触して資料提供
を依頼したものの、両者間の交渉や本件和解あっせん手続から10年
以上経過しており資料の保存がないなどの理由から、立証に十分な資
料を収集することができなかった。そのため、本件の事実関係の一部
について、裁決における認定事実を引用して立証している。

　本件において、本件解決金受領に至るまでの経緯等の事実関係につ
いては争いはなく、本件解決金の法的評価のみが争われていたが、仮
に、Ⅹが事実関係を争うとした場合、今回のような裁判所の事実認定
が得られなかった可能性もある。そのような事態を回避するためにも、
課税処分段階の証拠収集は重要である。

4　（中略）

（参考）

　今後の執務の参考のため、国側の主張で引用した裁判例を紹介する。

1　大阪地裁昭和54年5月31日判決（税務訴訟資料105号553頁）
　　同判決は、マンション建設に反対する近隣居住者が建築業者からマ
ンション建設を承諾することの対価として支払を受けた金員の所得該
当性について争われた事件に係る判決である。

　　非課税所得とされるべき損害賠償金等について、同判決は、「損害を生ぜさせる原因行為が不法行為の成立に必要な故意過失の要件を充すものである必要はないが、納税者に損害が現実に生じ、または生じることが確実に見込まれ、かつその補填のために支払われるものに限られると解するのが相当である」と判示した。

2　東京地裁平成11年3月30日判決（税務訴訟資料241号484頁）

　　同判決は、民事調停に基づき受領した金員の所得該当性について争われた事件に係る判決である。

　　合意に基づき受領した金員が非課税所得たる損害賠償金に該当するか否かについて、同判決は、「当該金員をどのような名目で支払うこととしたのかといった、授受当事者間の合意のみで決せられるものではなく、客観的にみて、当該金員が損害賠償金として評価できるか否かにより決すべきものである」と判示した。

（参照）

上掲

　「また、契約の当事者から経緯等を聴取するに当たっては、一の当事者だけではなく当事者双方から聴取を行い、それに係る証拠を収集することによって、客観性の高い事実関係を把握し、より精緻な判断をすることができることとなる。（※下線筆者)」

　に関連する代表的な論点として下記が参考になります。

重要情報2

〇その他行政文書　調査に生かす判決情報084

情報　調査に生かす判決情報第84号　平成30年12月　〜判決（判決速報№1475【所得税】）の紹介〜　東京国税局課税第一部国税訟務官室

《ポイント》

　時効による債務消滅益を課税の対象とするための要件

　①債務が存在し、②その債務の消滅時効が完成し、③債務者がその債務の消滅時効を援用したこと

（事件の概要）

1　X（納税者）は、不動産賃貸及び不動産取引を業とする複数の同族会社の代表取締役を務める者であるが、昭和49年頃から金融機関（以下「本件金融機関」という。）から繰り返し融資を受けており、平成12年12月時点において、元本残高合計約５億円の借入金債務（以下「本件借入金債務」という。）を負っていた。なお、本件金融機関は、本件借入金債務について、Xの父（以下「A」という。）を連帯保証人とするほか、本件借入金債務の担保として、X及びAの所有する土地に根抵当権を設定していた。

2　平成12年12月28日、本件金融機関、X及びAは、要旨、以下の内容の合意（以下「本件合意」という。）をした。

⑴Aは連帯保証人から脱退すること。

⑵Aの所有する土地の根抵当権を解除すること。

⑶Aは本件借入金債務のうち２億円を内入償還すること。

3　Aは、本件合意に基づき、本件金融機関に対して２億円を支払った（以下「本件支払」という。）。本件支払により、Xの本件借入金債務の残高は約３億円となった。

4　平成16年５月28日、Aは、遺言公正証書（以下「本件遺言書」という。）を作成した。本件遺言書には、「債権者A、債務者X間の平成12年12月28日付金銭消費貸借契約に基づく２億円の貸金返還請求権（但し、利息の定め及び弁済期限の定めなし）」（以下「本件貸金債権」という。）をXの弟（以下「B」という。）へ相続させる旨が記載されていた。（※下線筆者）

5　Aが平成23年８月に死亡した後、Bは、平成24年10月、Xに対して、Aから相続した本件貸金債権の一部（200万円）の支払を求める訴訟（以下「別件貸金訴訟」という。）をC裁判所に提起した。

6　Xは、平成25年２月に行われた別件貸金訴訟の口頭弁論において、Aが平成12年12月28日付の金銭消費貸借契約に基づいてXに対し２億円を貸し付けた事実を否認するとともに、Bに対し、本件貸金債権について消滅時効を援用する旨の意思表示（以下「本件時効援用の

意思表示」という。）を行った。（※下線筆者）

7　平成25年5月、C裁判所は、本件貸金債権の存否については判断
　　せず、本件貸金債権の消滅時効は完成しているとしてBの請求を棄却
　　する判決をした。その後、Bが控訴せず、同判決は確定した。

8　平成27年6月、Y（税務署長）は、本件時効援用の意思表示によ
　　り本件貸金債権が消滅し、Xは2億円の経済的利益を享受したとして、
　　平成25年分の所得税の更正処分等を行ったところ、Xは、当該処分
　　等の取消しを求めて本訴を提起した。

（本件の争点）

　本件時効援用の意思表示により、Xが2億円の経済的利益（債務消滅
益）を享受したか否か。

（国側の主張立証等）

1　本件貸金債権に係る事実関係

　前記「事件の概要」4のとおり、本件遺言書には、相続財産として本
件貸金債権の内容が具体的に記載されていたのであるが、平成12年12
月28日付の金銭消費貸借契約の当事者であるAは死亡しており、Xは、
本件貸金債権の存在を否定（2億円の贈与を受けたと主張）していたた
め、同契約を締結した事実を確認することはできなかった。（※下線筆者）

　一方、本件支払に関する証拠からすると、AがXの債務を代位弁済し
たことにより、Aは、Xに対して2億円の求償権（以下「本件求償権」
という。）を取得していると認められたものの、本件求償権以外に、A
がXに対して2億円の債権を有していたとは認められなかった。

　なお、別件貸金訴訟においても、Xは本件貸金債権の存在を否定して
おり、判決も本件貸金債権の存否について判断しておらず、上記金銭消
費貸借契約の締結に関する証拠を収集することはできなかった。（※下
線筆者）

2　国側の主張

　上記1の事実関係によれば、本件求償権の発生の事実は立証可能であ
るが、本件貸金債権の発生の事実を立証することはできないものと認め
られた。

　　しかし、①ＡとＸとの間に、本件求償権以外に２億円の債権が生じた
とは認められないこと、②Ｘは、本件貸金債権の存在を否定しているも
のの、２億円の債務が減少した事実は認められること、③本件遺言書を
作成したＡ及び別件貸金訴訟を提起したＢは、貸金債権と求償権とを明
確に区分して理解・認識していたとは想定されないことから、国側は、
本件貸金債権と本件求償権は、その発生の基礎となる事実が同一である
から実質的に同一の債権であり、Ｘは、別件訴訟において、本件時効援
用の意思表示をした結果、上記同一の債権が消滅し、Ｘに２億円の債務
消滅益が生じたと主張した。

（裁判所の判断等）

1　　本件貸金債権は、ＡとＸとの間の金銭消費貸借契約によって生じる
　　債権であり、代位弁済をした者が取得し得る求償権とは発生原因を異
　　にする別個の債権であることは明らかである。

2　　Ｘが別件貸金訴訟において本件時効援用の意思表示の対象とした債
　　権は、本件貸金債権のみであり、本件求償権について消滅時効を援用
　　する旨の意思表示をした事実は認められないから、Ｘが本件求償権の
　　消滅による２億円の経済的利益を享受したとは認められない。

【裁判所の判断の流れ】
1　Bが別件貸金訴訟において請求した債権は本件貸金債権。
2　本件貸金債権は、AとXとの間の金銭消費貸借契約によって生じる債権であって、第三者弁済をした者が取得し得る債務者に対する求償権（民法459条、462条）とは発生原因を異にする別個の債権。
3　したがって、仮にAが本件支払をしたことによって本件求償権を取得していたとしても、本件貸金債権と本件求償権とは別個の債権。
4　そして、Xが別件貸金訴訟で消滅時効の援用の意思表示の対象とした債権は、別件貸金訴訟において訴訟物とされた本件貸金債権のみ。
5　本件の全証拠によっても、Xが本件求償権について消滅時効を援用する旨の意思表示をした事実は認められない。

【結　論】
　上記のことから、仮にAが本件支払により本件求償権を取得し、Bがこれを相続していたとしても、本件時効援用の意思表示によって本件求償権が消滅したものとは認められないから、Xが本件求償権の消滅によって2億円の経済的利益を享受したものとは認められない。

（国税訟務官室からのコメント）

1　消滅時効による債務消滅益を課税の対象とするための要件

　(1)時効に関する民法の規定等

　　　民法は、消滅時効について、「債権は、十年間行使しないときは、消滅する。」（民法167条1項）、「消滅時効は、権利を行使することができる時から進行する。」（民法166条1項）、「時効は、当事者が援用しなければ、裁判所がこれによって裁判をすることができない。」（民法145条）と規定している。

　　　また、民事訴訟法は、「裁判所は、当事者が申し立てていない事項について、判決をすることができない。」と規定し（同法246条）、民事訴訟において処分権主義（訴訟における訴訟物の特定や審判対象の提示を、訴えを提起する当事者の権能とする建前）が採られていることを明らかにしている。

　(2)債権の消滅時効の援用等

　　　債権の消滅時効を援用するのは当該援用により利益を受ける債務

者であり、時効を援用するためには、債務者において援用の対象となる債務が存在していなければならない。債務が存在するというためには、当該債務が発生し、弁済等により消滅していないことが必要である。

　また、消滅時効を援用するためには、時効期間（債権については10年）が完成していなければならない。なお、時効の中断事由（債権者からの請求、債務者の承認等。民法147条）が生ずると、当該事由の終了ないし消滅後、新たに時効期間が開始することになる。

　消滅時効の効果の発生について、最高裁判所昭和61年3月17日第二小法廷判決は、「時効による権利消滅の効果は当事者の意思をも顧慮して生じさせることとしていることが明らかであるから、時効による債権消滅の効果は、時効期間の経過とともに確定的に生ずるものではなく、時効が援用されたときにはじめて確定的に生ずるものと解するのが相当」であると判示している。

(3)時効を援用したことによる権利の得喪に関する課税時期

　大阪高等裁判所平成14年7月25日判決は、「課税実務上、時効により権利を取得した者に対する課税上の取扱いにつき、時効の援用の時に一時所得に係る収入金額が発生したものとし、時効により権利を喪失した者については、それが法人である場合は、時効が援用された時点を基準に時効取得により生じた損失を損金算入する扱いがされているが、正当な取扱いとして是認することができる」旨判示（※下線筆者）している。

　同判決は、取得時効による権利の得喪に係る課税について判示したものであるが、上記(2)のとおり、消滅時効による債権消滅の効果も時効援用の時に生ずると解されていることからすると、課税上も、消滅時効の援用時に債務が消滅し、経済的利益を享受することになると解される。

(4)時効援用による債務消滅益を課税の対象とするための要件

　以上のことからすると、消滅時効による債務消滅益を課税の対象とするためには、①時効の対象となる債務が存在し、②その債務の

消滅時効が完成し、③債務者がその債務の消滅時効を援用すること
が要件（※下線筆者）となる。

2　本件から見る調査に生かすべき事項

(1)消滅時効の援用による債務消滅益を課税の対象とする際の留意点

　　本件遺言書は、公証人が作成した遺言公正証書であり、前記「事
件の概要」4のとおり、本件貸金債権の内容が具体的に記載されて
いたため、これを見る限り、本件貸金債権（債務）が存在するとい
う要件①を満たしているように思われる。

　　また、別件貸金訴訟において、Ｘは本件貸金債権の存在を否認し
つつ、本件時効援用の意思表示を行ったところ、判決では、本件貸
金債権の消滅時効が完成していることを理由にＢの請求を棄却した
ことから、債務の消滅時効の完成という要件②及び債務者がその債
務の消滅時効を援用するという要件③を満たし、これらによれば、
本件時効援用の意思表示による債務消滅益を課税の対象とするため
の要件が整っていると判断できそうである。

　　しかし、遺言は相手方のない一方的かつ単独の意思表示であると
ころ、別件貸金訴訟において、Ｘは本件貸金債権の存在を否定して
おり、Ｃ裁判所は本件貸金債権の存否についての判断をすることな
く結論を導いていたことからすると、本件遺言書に記載のある「平
成12年12月28日付金銭消費貸借契約」の締結という本件貸金債権
の発生の事実（本件貸金債権が存在するという要件①の前提となる
事実）について、十分に検討する必要があった。（※下線筆者）

　　一般に、時効が援用される事例では、その対象となる債権の発生
から相当程度の年数を経過しているため、その事実関係の確認には
困難が伴うことが多い（本件でも一方当事者であるＡは既に死亡し
ている。）。したがって、そのような事例においては、証拠収集が困
難となることを想定した上で十分な検討、対応をすることが重要と
なる。

　　なお、時効の援用は、必ずしも訴訟で行わなければならないもの
ではないと解されているため、本件のように訴訟において時効援用

の意思表示が行われた場合には、前述した要件③の確認は比較的容易と考えられるが、訴訟以外の場で時効が援用された事例においては、その証拠の保全も重要（※下線筆者）となる。

(2)民事訴訟の判決に基づいて課税を行う場合の留意点

　民事訴訟において、裁判所は、当事者が提出した証拠や弁論の全趣旨によって把握した事実に法令を適用して判断する。この審理の過程において把握した事実には、訴訟において提出された証拠に基づいて認定した事実のほか、当事者がその事実関係を争わなかったため判断の前提とした事実（争いのない事実）も存在する。したがって、その事実の中には、必ずしも十分な証拠の裏付けがないものも存在し得ることとなる。

　国が課税処分を行う場合、課税要件事実を国側が主張・立証しなければならないところ、民事訴訟の判決において判断の基礎とされた事実を課税処分の根拠とする場合には、その民事訴訟において当事者がそれぞれ何を主張・立証したのかを確認することが必要となる。特に、課税処分の根拠にしようとする事実が課税要件に係るものである場合には、判決のみを証拠とするのではなく、訴訟において提出された証拠を収集するか、場合によっては訴訟の当事者や関係者に対する調査を行って証拠を収集することも検討する必要がある。（※下線筆者）

　本件は、実際に存在していたとは認め難い本件貸金債権に基づく返還請求が別件貸金訴訟で争われ、本件貸金債権が消滅時効援用の意思表示の対象とされた上で判決がされた点で、極めて例外的な事例といえるところ、本件のように遺言書に記載された内容と実態が異なることが見込まれた場合には、更に慎重な検討を要することに留意する必要がある。（※下線筆者）

第 VI 章

株式（主に取引相場のない株式）の譲渡をめぐるエビデンス

Ⅵ－1　譲渡所得の基因となる株式の意義

> **Q** 株式について譲渡所得の基因となる資産の意義について基本的考え方を教えてください。

> **A** 下記の国税情報及び各種考え方が重要になります。まずは下記の裁判例における「株式とは？」という基本的考え方を理解します。

【解　説】

○その他行政文書　調査に生かす判決情報039

情報　調査に生かす判決情報第39号　平成27年12月　〜判決（判決速報№1365【所得税】）の紹介〜　東京国税局課税第一部国税訟務官室

《ポイント》

　株式が所得税法33条1項の規定する譲渡所得の基因となる「資産」に該当するためには、自益権や共益権を基礎として一般に経済的価値が認められる必要がある。

（事件の概要）

1　本件は、X（納税者）が、A銀行株式会社（以下「本件銀行」という。）の株式を譲渡したことにより株式等に係る譲渡所得等の金額の計算上損失が生じたとして所得税の確定申告をしたのに対し、Y（課税庁）が、当該株式の経済的価値は譲渡時において喪失しており譲渡所得の基因となる資産に当たらないから、当該株式の譲渡損失を株式等に係る譲渡所得等の金額の計算の基礎に含めることはできないとして行った所得税の更正処分等の適否が争われている事案である。

2　Xは、本件銀行の事実上の創業者であり、取締役兼代表執行役に就任するなど、本件銀行の経営に関与していた者である。

3　本件銀行は、平成○年△月10日、約¥¥¥¥億円の債務超過に陥っているとして、預金保険法74条5項に基づき、金融庁長官に対して、

その財産をもって債務を完済することができない旨の申出を行い、金融庁長官は、同日、本件銀行に対し、同条1項に基づき、金融整理管財人による業務及び財産の管理を命ずる処分を行うとともに、Bを金融整理管財人に選任した。

4　Xは、平成○年中において、次のとおり、本件銀行の株式（未公開株）の譲渡を行い、以下の①の譲渡による利益249,382,600円と②の譲渡による損失252,529,100円との合計額△3,146,500円を株式等に係る譲渡所得等の金額（未公開分）の計算上損失が生じたとして、法定申告期限内にYに対し同年分の所得税の確定申告を行った。

①　平成○年＊月5日付の株式譲渡契約に基づき、同月19日、C株式会社に対して、本件銀行の株式950株を1株335,000円（総額318,250,000円、取得費68,867,400円）で譲渡した。

②　平成○年▽月20日、Xの平成○年分の所得税の確定申告について税務代理をしたD税理士に対して、本件銀行の株式3,100株（以下「本件株式」という。）を1株1円（総額3,100円、取得費252,532,200円）で譲渡した（以下「本件譲渡」という。）。

5　Yは、本件株式は、本件譲渡の時点において、自益権及び共益権を基礎とする株式としての経済的価値を喪失しており譲渡所得の基因となる資産に当たらないから、本件譲渡による損失は株式等に係る譲渡所得等の金額（未公開分）の計算の基礎に含めることはできないとして、平成○年分所得税の更正処分及び過少申告加算税の賦課決定処分を行った。

6　Xは、適法な不服申立てを経て、本件訴訟を提起した。

7　東京地方裁判所はXの請求を棄却したため、Xが控訴した。

【関係法令】

1　所得税法33条1項

所得税法33条1項は、譲渡所得とは、資産の譲渡による所得をいう旨規定している。

2　預金保険法74条1項及び5項

預金保険法74条1項は、内閣総理大臣は、金融機関がその財産を

もって債務を完済することができないと認める場合等に、当該金融機関に対し、金融整理管財人による業務及び財産の管理を命ずる処分をすることができる旨、同条5項は、金融機関は、その財産をもって財務を完済することができないとき等には、その旨及びその理由を、文書をもって、内閣総理大臣に申し出なければならない旨、それぞれ規定している。

3　預金保険法139条1項

　　預金保険法139条1項は、内閣総理大臣は、一部のものを除き、この法律による権限を金融庁長官に委任する旨規定している。

【取引の概要図】

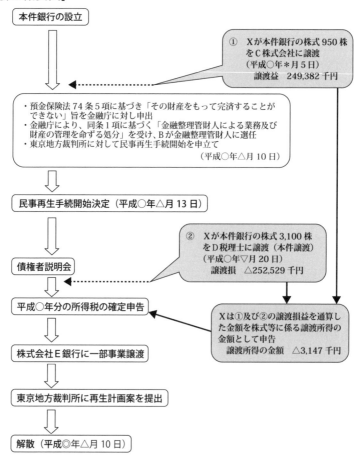

（本件の争点等）

1　本件の争点

　XがＤ税理士に対して本件株式3,100株を譲渡した本件譲渡の時点（平成○年▽月20日）において、本件株式が、所得税法33条１項の規定する譲渡所得の基因となる「資産」に該当するか否か。

2　納税者の主張

　(1)　所得税法33条１項の規定する譲渡所得の基因となる「資産」に該当するか否かの判断において、譲渡の対象となった株式の経済的価値が譲渡時に喪失していたか否かは、株式の消却といった客観的かつ明確な基準をもって画一的に判断されるべきであり、曖昧な基準ないし事情によってこれを判断することは租税法律主義に反する。

　(2)　現に、Ｄ税理士は、本件株式に経済的価値があると考え、値上がりによって利益が発生することを期待して本件譲渡によって本件株式を取得している。

（裁判所の判断）

1　所得税法33条１項の規定する譲渡所得の基因となる「資産」の意味等（第一審判決引用）

　(1)　所得税法33条１項の規定する譲渡所得の基因となる「資産」譲渡所得に対する課税とは、資産の値上がりによりその資産の所有者に帰属する増加益を所得として、その資産が所有者の支配を離れて他に移転する機会にこれを清算して課税する趣旨のものであり、売買交換等によりその資産の移転が対価の受入れを伴うときは、上記の増加益が対価のうちに具体化されるので、これを課税の対象として捉えたものと解されるところ、所得税法33条１項の規定する譲渡所得の基因となる「資産」には、一般にその経済的価値が認められて取引の対象とされ、増加益が生じるような全ての資産が含まれるが、その一方で、上記の増加益を生じ得ないもの、すなわち、社会生活上もはや取引される可能性が全くないような無価値なもの（※下線筆者）については、同項の規定する譲渡所得の基因となる「資

149

産」には当たらないものと解するのが相当である。

⑵　所得税法33条１項の規定する譲渡所得の基因となる「資産」に該
当する株式

　　株式は、株式会社の社員である株主の地位を割合的単位の形式にし
たものであり、原則として自由に譲渡され、株主においては、利益配
当請求権、残余財産分配請求権等の自益権や株主総会における議決権
等の共益権を有することから、株式は、上記各権利を基礎として一般
に経済的価値が認められて取引の対象とされ、増加益を生ずるような
性質のものとして、所得税法33条１項の規定する譲渡所得の基因と
なる「資産」に当たるものと解される一方、株式の経済的価値が自益
権及び共益権を基礎とするものである以上、その譲渡の時点において、
これらの権利が法的には消滅していなかったとしても、一般的に自益
権及び共益権を現実に行使し得る余地を失っていた場合には、後にこ
れらの権利を現実に行使し得るようになる蓋然性があるなどの特段の
事情があると認められない限り、自益権及び共益権を基礎とする株式
としての経済的価値を喪失し、もはや、増加益を生ずるような性質を
有する譲渡所得の基因となる「資産」には該当しないものと解するの
が相当である。

　２　納税者の主張に対する判断

⑴イ　株式が譲渡所得の基因となる「資産」に該当するかどうかは、当
該株式の自益権及び共益権が法的に消滅しているかどうかという観点
から検討するだけでは足りず、株主がこれらの権利を行使することが
事実上可能かどうかといった観点や、行使した場合に実益があるかど
うかといった観点からも検討を行うべきであるから、本件株式が消却
されて法的に消滅するまでは本件株式が所得税法33条１項の規定す
る譲渡所得の基因となる「資産」に該当するということはできない（第
一審判決引用）。

　　ロ　本件譲渡の前後を通じて剰余金の配当や残余財産の分配を行う余
地がなく、また、一般的に株主総会における議決権等の共益権を現
実に行使しうる余地を失っていた上、本件銀行が一部事業譲渡の後

解散して清算されることが予定されていた状況においては、本件株式につき一部の株主権の行使が法律上可能であるという点を考慮しても、本件株式は、所得税法33条1項の規定する譲渡所得の基因となる「資産」には該当しない（※下線筆者）ものと認めるのが相当である（当審判断）。

ハ　金融庁長官が金融整理管財人による管理を命ずる処分を行ったり、民事再生手続開始決定がなされたからといって、本件株式の株主としての法的地位や法的権利そのものの存否が直ちに変動するものではないが、法的に自益権や共益権を有していることと現実にそのような権利を行使し得ることとは別であり、現実には本件株式について、将来にわたって自益権や共益権を行使し得る余地がなくなっていた以上、本件株式に経済的価値は認められず、（※下線筆者）本件株式は、所得税法33条1項の規定する譲渡所得の基因となる「資産」には該当しない（当審判断）。

(2)　本件株式が本件譲渡の時点で株式としての経済的価値を有するか否かの判断は、自益権及び共益権の有無を基準として客観的事実に基づいて判断されるべきもの（※下線筆者）であり、本件譲渡の当事者であるD税理士やXの主観的意図によって判断されるべきものではないから、XとD税理士の間で、本件株式を1株1円で譲渡され、現にその代金が支払われていたとしても、つまり、株式の譲渡としては全く有効にされていたとしても、客観的にみて、本件株式が譲渡所得の基因となる「資産」に該当するものであったと認めることはできない（第一審判決引用）。

（国税訟務官室からのコメント）

本件においては、破綻した銀行の株式が、所得税法33条1項の規定する譲渡所得の基因となる「資産」に該当するか否かが争点となっている。

第一審判決は、①所得税法33条1項の規定する譲渡所得の基因となる「資産」の意味を明らかにし、②一般に経済的価値が認められて取引の対象とされる株式の性質を示した上で、③株式が当該「資産」に該当

する場合又は該当しない場合を示し、④本件譲渡の時点における本件株式について事実認定及び当てはめを行い、本件株式は所得税法33条1項の規定する譲渡所得の基因となる「資産」に該当しないと判断した。本判決は、当審におけるXの主張に対する判断を加えるほかは、第一審判決の判断のとおり判示したものである。

（参照）　預金保険法の規定する「破綻金融機関」

　預金保険法2条4項は、「破綻金融機関」とは、業務若しくは財産の状況に照らし預金等の払戻し（預金等に係る債務の弁済）を停止するおそれのある金融機関又は預金等の払戻しを停止した金融機関をいう旨、同法74条3項は、同条1項による管理を命ずる処分を受けた金融機関は破綻金融機関とみなす旨、それぞれ規定している。

1　所得税法33条1項の規定する譲渡所得の基因となる「資産」

　(1)　法令の規定

　　所得税法上の定義はない。

　(2)　一般的解釈

　　一般的に財産権を意味する概念であり、一般にその経済的価値が認められて取引の対象とされ、キャピタル・ゲイン（又はキャピタル・ロス）が生じるような全ての資産が含まれると解されている。

（参照）　武田昌輔監修『DHCコンメンタール所得税法』2505頁

　(3)　最高裁判所判例

　　譲渡所得に対する課税は、資産の値上がりによりその資産の所有者に帰属する増加益を所得として、その資産が所有者の支配を離れて他に移転するのを機会に、これを清算して課税する趣旨のものであると判示している。

（参照）　1　最高裁昭和43年10月31日第一小法廷判決（最高裁判所裁判集民事92号797頁）

2　最高裁昭和47年12月26日第三小法廷判決（最高裁判所民事判例集26巻10号2083頁）

　(4)　第一審判決及び本判決

　　第一審判決は、従来の最高裁判所判例が示す譲渡所得課税の趣旨

を踏まえ、所得税法33条1項の規定する譲渡所得の基因となる「資産」に当たる資産について、「一般にその経済的価値が認められて取引の対象とされ、増加益が生じるような全ての資産が含まれるが、その一方で、上記の増加益を生じ得ないもの、すなわち、社会生活上もはや取引される可能性が全くないような無価値なものについては、同項の規定する譲渡所得の基因となる『資産』には当たらないものと解するのが相当である」と判示し、本判決も第一審の判断を引用している。

2　株式の所得税法33条1項の規定する譲渡所得の基因となる「資産」該当性

(1)　法令の規定、最高裁判所判例

　　所得税法上の定義等はない。

(2)　第一審判決及び本判決

　　第一審判決は、株主は自益権や共益権を有することから、株式は、当該各権利を基礎として一般に経済的価値が認められて取引の対象とされ、増加益を生ずるような性質のものとして、所得税法33条1項の規定する譲渡所得の基因となる「資産」に当たるものと解されると判示する一方、株式の譲渡の時点において、自益権及び共益権が法的には消滅していなかったとしても、一般的に当該各権利を現実に行使し得る余地を失っていた場合には、後にこれらの権利を現実に行使し得るようになる蓋然性があるなどの特段の事情が認められない限り、増加益を生ずるような性質を有する譲渡所得の基因となる「資産」には該当しないものと解するのが相当であると判示し、本判決も第一審の判断を引用している。

（参照）　神田秀樹『会社法〔第16版〕』67・68頁

1　自益権

　　会社から直接経済的な利益を受けることを目的とする権利であり、剰余金配当請求権（会社法105条1項1号）と残余財産分配請求権（同項2号）とが中心である。

2　共益権

　会社の経営に参与することを目的とする権利であり、株主総会における議決権（会社法105条1項3号）が中心である。

3　本件譲渡における本件株式の「資産」該当性

　(1)　認定事実

　　イ　本件株式に係る自益権

　　　本件銀行が本件譲渡の前後を通じて極めて多額の債務超過状態に陥っており、剰余金の配当や残余財産の分配を行う余地はなかったことからすると、本件銀行の株主は、本件譲渡の時点において、もはや、利益配当請求権、残余財産分配請求権等の自益権を現実に行使し得る余地はなかった。（※下線筆者）

　　ロ　本件株式に係る共益権

　　　本件銀行においては、金融整理管財人であるＢが、会社法上及び本件銀行の定款上は取締役会の決議を必要とする事項を単独で行うことが可能となっており、また、Ｂは、株主総会の決議等を要することなく、本件銀行の取締役等の解任及び選任をすることができるようになったこと等からすると、金融庁長官による預金保険法74条1項所定の処分がされた時点において、本件銀行の株主は、本件銀行の存続を前提とする経営等の意思決定に参画することができなくなっており、一般的に株主総会における議決権等の共益権を現実に行使し得る余地を失っていた。（※下線筆者）

　　ハ　本件において自益権及び共益権を行使し得るようになる蓋然性

　　　本件譲渡の時点において、本件銀行は、株式会社Ｅ銀行に対する一部事業譲渡の後に解散して清算されることが予定されていたことからすると、後に自益権及び共益権を現実に行使し得るようになる蓋然性もなかった。

　(2)　第一審判決

　　　本件譲渡の時点において、本件株式は、一般的に、自益権及び共益権を現実に行使し得る余地を失っており、かつ、その後に自益権及び共益権を行使することができるようになる蓋然性も認められな

かったというべきであるから、所得税法33条1項の規定する譲渡所得の基因となる「資産」には該当しないものと認めるのが相当である旨判示した。

(3)　本判決

　　第一審判決における判断のほか、①本件銀行が一部事業譲渡の後解散して清算されることが予定されていた状況においては、一部の株主権の行使が法律上可能であるとしても、その点に経済的価値が見いだされ、本件株式が取引の対象とされるということは考えられないこと、②株主が法的に自益権や共益権を有していることと現実にそのような権利を行使し得ることとは別であり、現実には本件株式について、将来にわたって自益権や共益権を行使し得る余地がなくなっていた以上、本件株式に経済的価値は認められないことから、本件株式は所得税法33条1項の規定する譲渡所得の基因となる「資産」には該当しない旨判示している。

4　株式の「資産」該当性を判断するに当たっての留意点等

(1)　本件は、上記1については当事者間に争いがなく、上記2について争われた事案である。

　　第一審判決及び本判決は、上記3(1)のとおり事実認定を行った上で、Xの株式の経済的価値の喪失時期は株式の消却といった客観的かつ明確な基準をもって画一的に判断されるべきである旨の主張やD税理士（本件株式の譲受人）は本件株式に経済的価値があると考え値上がりによって利益が発生することを期待して本件株式を取得している旨の主張を排斥して、本件譲渡の時点において本件株式は所得税法33条1項の規定する譲渡所得の基因となる「資産」には該当しない旨判示した。

(2)　第一審判決及び本判決は、所得税法33条1項の規定する譲渡所得の基因となる「資産」の意味及び株式の「資産」該当性の判断規範を示した上で、当該規範に従って本件譲渡の時点においてXが所有する本件株式の実質について事実認定し、本件株式は所得税法33条1項の規定する譲渡所得の基因となる「資産」に該当しない

と判断したものであり、株式の譲渡の時点において当該株式が所得税法33条1項の規定する譲渡所得の基因となる「資産」に該当するか否かの判断をするに当たり参考となるもの（※下線筆者）である。

　なお、本件訴訟においては、争点となった本件株式を発行していた本件銀行の破綻処理の内容やそのタイムスケジュールが本件銀行やBのホームページに掲載されるなど、本件銀行が清算されるまでの流れが株主に公表されていたことから、国側が十分な証拠資料を収集することができ、それらの証拠資料に基づき説得力のある主張を展開することができたという事情があり、実際に株式の「資産」該当性を判断するに当たっては、当該株式を発行している会社の資産状況や営業実績などについて多角的に情報収集する必要がある。（※下線筆者）

《留意事項》　本判決は相手側が上告及び上告受理申立てしており未確定である。

（参照）関連論点1[15]

議題

・事業承継税制の見直しについて

・取引相場のない株式の評価方法の見直しについて

議事概要

・はじめに事務局から、本検討会のとりまとめについて、当初第4回目に行う予定であったが、9月に実施する予定の第5回目において行うことについて説明し、委員の了解を得た。

15〜中小企業庁資料より〜
第4回事業承継を中心とする事業活性化に関する検討会議事要旨
日時：平成28年7月25日　14：00〜16：00
場所：別館948共用会議室
出席者：品川委員、荒井委員、飯野委員、後委員、榎本委員、及川委員、大山委員代理種山氏、河原委員、神林委員、清水委員、瀬上委員、瀬戸委員、髙井委員、田中委員、玉越委員、内藤委員、長島委員、水野委員、山本委員、幸村委員、吉田委員
（中小企業庁）吉村財務課長

・次に、事務局から、事業承継税制の見直し、取引相場のない株式の評価方法の見直しについて説明した後自由討議を行った。主な委員の御発言は以下のとおり。

1．事業承継税制の見直しについて

　～（中略）～

2．取引相場のない株式の評価方法の見直し

・類似業種比準方式について、海外展開をしている上場会社と国内市場をメインとする中小企業との違いを考慮して見直すことが望ましい。

・株価の急激な変動を考慮して、類似業種の株価について過去の平均値を採用するなどの激変緩和措置をとることが望ましい。

・比準要素の比準割合で、利益を3倍としている点について、収益を上げる企業の株価がより上がる結果となっていることや、近年の景気動向を踏まえた見直しや、選択制の可能性も含めて議論をしていくことが望ましい。

・純資産方式についても検討を行う必要があるのではないか。退職給付引当金等の負債性引当金等の取扱いについて検討することが望ましい。

・議決権を有する株式と議決権を有しない株式の評価方法は区別することが望ましい。

・同族関係者に含まれる親族の範囲（配偶者、6親等内の血族、3親等内の姻族）については、民法においても広すぎる概念が使われており見直すことが望ましい。

・取引相場のない株式の評価にあたって、例えば純資産価額方式では、いわば残余財産分配請求権の価値（清算価値）で評価されているものと考えられる。しかし、株式には3つの権利（議決権、配当受益権、残余財産分配請求権）があり、事業承継に必要なのは議決権であるから、事業承継時には議決権の価値で評価するといった見直しも検討すべきではないか。

（以上）

（参照）関連論点２

　税大論叢　加藤浩「今後の取引相場のない株式の評価のあり方」

　（一部抜粋）

「(1) 株式の評価方法の見直し

　イ　原則的評価方式

　　　類似業種比準方式に代え、残余利益方式を導入する。また、純資産価額方式については、法人税額等相当額控除を廃止し、代わりに一定のしんしゃくを乗ずることとする。

　　　その上で、会社規模にかかわらず、全ての規模の会社の株式について、原則として、残余利益方式と純資産価額方式との２分の１併用方式とする。」

（参照）関連論点３　エンプティ・ボーティングに係る諸論点：議決権分離スキームの是非について

　現状、課税実務上は議決権（指図権）は税務上の適正評価額は０評価とされていますが、当該評価方法について議論の最中であり、将来的に抜本的な株価評価方法の改正があるかもしれません（上掲加藤論文を参照のこと）。ここではエンプティ・ボーティングにまつわる一般的な論点を下に記します。

　各種スキームを基にした自益権と共益権を分離したスキームについては現状、評価方法が定まらず、当該アレンジメントは、納税者の予測可能性を阻害させています。

　これは、会社法による規制の外の契約により、当初法が予定していなかった自益権と共益権の組合わせが自由なアレンジメントにより実現可能となっている環境が今までにはなかったことが主原因として挙げられます。現行租税法は、普通株式を前提に構築されており、種類株式・民事信託を用いた株式の議決権と経済的持分とを乖離させた場合における対応は全くもっていないのです。

　ましてや議決権拘束契約、エクイティ・スワップ契約など複合している株式の課税関係や評価については現状、先行研究は見当たらない状況

です。

相続税評価の曖昧さも手伝い、当事者において価値があると思う権利を取得しながら低い評価額で課税を受けるという租税回避も実行可能性は多分にあります[16]。

株式に内包される株主権は共益権と自益権があります。共益権は、会社の運営に参与する権利であり、議決権がその中心的な権利です。議決権は経済的な価値もない財産権を有せず、課税上も価値がないとされます。自益権は、株主が会社から経済的利益を受ける権利であり剰余金配当請求権と残余財産分配請求権からなります。

会社法では共益権は自益権とともに普通株式に内包され、これらを個別に区分し処分することはできないものとされます[17]。その根拠として共益権も自益権と同様、基本的に株主自身の利益のために行使できる権利であり、両者の性質に差異はなく、株式に一体的に内包されるものであるからとされます[18][19]。

原則の下では、自益権が経済価値の原則であり、株式の経済価値は自益権から生まれるキャッシュ・フローにあるとされます。しかし、閉鎖会社の場合、その価値は実態として、会社を支配し経営することによって、当該キャッシュ・フローが生じます。

閉鎖会社において、通常、剰余金の配当も解散による残余財産の分配もせず、自益権としての現実的実態としての経済的価値は有しないものと考えられ、株主が代表取締役として、会社を支配しつつ、自らに又は家族に役員報酬、交際費等を支給することでその代替になっていること

16 品川芳宣「世代間の資産移転・事業承継をめぐる現状と課題」税理Vol.59　No.6（2016）18 ～ 19頁

17 前田庸『会社法入門（第12版）』（有斐閣、2009）85 ～ 86頁

18 伊藤靖史・大杉謙一・田中亘・松井秀征『会社法（第２版）』（有斐閣、2011）69頁

19 株主の地位が均一の割合的単位に細分化されていることから、制度的に株主平等原則が要され、これから反映され、株式1株につき1個の議決権を有することとなった（会社法308①）が、両者が異なる権利だとして分離できれば、この1株1議決権の原則に反する法定以外の株式が任意に組成できることになり不合理であるということである。

が大半だからです[20]。

　以上より、閉鎖会社の場合、株主であるゆえの経済的価値はなく、株主兼役員として会社の経営に関与することに経済的価値が生じます。それゆえ、閉鎖会社においてはその株式価値は自益権になく、共益権（議決権）にあるのです。

　従来の議論では、経済的価値の側面からすると私法や租税法では議決権に価値はないとされてきました。自益権のみにその価値は付与されるわけです（評価対象とされるわけです。）。

　したがって、株式の議決権と経済的価値が分離できれば議決権だけ取り出して負担なく事業承継することも可能なはずです。経済実態として閉鎖会社の場合、議決権に価値があり、自益権に価値がありません。

　事業承継の分野において議決権だけの承継が可能であれば、実態として有価値な権利を取得でき、遺留分や相続税の問題を回避することも可能と考えられます。

　しかし現行の手法では、両者を区分して遺贈や相続により承継することは不可能です。では、現行の私法を前提としてアレンジメントは何が考えられるのでしょうか。

1　株主間契約

　議決権拘束契約は株主間契約の典型例で、取締役選任等に対して当事者間の合意に従い議決権を行使する旨定める契約です[21]。

　会社支配を単なる資本多数決で決定することを回避するために締結され[22]、主に株式会社の株主が株主総会における議決権の行使の方法について合意しておくことは、ある目的に沿った株主総会決議の成立を指向

---

20 閉鎖型タイプの会社において経営に関与できるためでなければ資本出資をする意味は乏しく、また取締役として能動的に経営に参画することを望む株主が多いと思われる。中小企業における経営者は、自己の財産の大部分をその会社に出資しているのが現状であり、同社の業務執行に従事し、一定額の報酬（給与）を受けないと生活できない。以上につき江頭憲治郎『株式会社法（第6版）』（有斐閣、2015）52頁及び308頁
21 江頭　前掲注20　62頁
22 江頭　前掲注20　336頁

することになります[23]。

　議決権拘束の有効性については一般に認められていることですが[24]、議決権拘束契約自体について違反の問題は生じます。

　有力説では、契約当事者間の債権契約としては有効であるが、契約に違反して議決権が行使されたとしても、その株主意思による行使である以上、その効力には影響はなく、契約違反者に損害賠償義務が発生するのみであるといわれています[25]。契約した株主を縛ることは無論可能ですが、当該契約は会社に対して効力は生じません。

　つまり議決権行使の結果である総会決議等を否定することができない以上、会社の行為を縛ることは不可能なのです。

　一方、株主全員が当事者の契約である場合には、対会社関係では効力を主張できないという理屈を形式的に当てはめることは妥当ではなく、契約違反の議決権行使により成立した決議は定款違反として取消しの対象となる、とする見解もあります[26]。

　議決権拘束では、株主議決権と経済的持分を分離することは確かに可能であるものの、その実効性について契約違反の際の救済方法等、不明確性は多々残ります[27][28]。

2　種類株式

　実務上活用はそれほどなされていないと思われますが代替案として種

23 森田果「議決権拘束・議決権信託の効力」浜田道代＝岩原紳作編「会社法の争点」(ジュリスト増刊) 102頁 (有斐閣、2009)

24 議決権拘束契約は、株主総会ごとに議決権代理行使の代理授与を要求している会社法第310条第2項に違反しているか問題となるが、同条の趣旨は、経営陣が会社支配のために議決権代理行使の濫用を防止することにあり、そうでない議決権拘束契約に同条を形式的に当てはめることは妥当ではない。これにつき江頭前掲注3 38頁注(3)及び森田前掲注103頁参照

25 江頭　前掲注20　336頁

26 江頭　前掲注20　336頁

27 江頭　前掲注20　336～337頁注(2)、森田　前掲注23　103頁

28 具体的には①議決権拘束合意の有効性②有効であるとした場合の合意に違反する株主総会決議の効力③合意に違反した行為の差し止め請求権の可否④合意違反により賠償されるべき損害の捉え方という4種の論点が登場する。これらについて明確になっていないという指摘について行方國雄「閉鎖会社における種類株式及び属人的な定めの利用」(ジュリスト増刊「会社法施行5年─理論と実務の現状と課題」2011年) 73頁

類株式があります。

　当該理由として、種類株式の発行手続の煩雑さ等が列挙されています[29]。

　また、租税法上の問題でも後述しますが、種類株式の最大の問題はその評価にあります。現行実務においてその評価方法が明らかになっているのは、一部であり、他は個別に検討すべきである、というのが当局の建前となっています。

　なお、信託受益権の評価でも同様の問題が生じるため、これについてはまとめて下に記すことにします。

　最判平成28年7月1日では、株式の「取得の価格」／公開買付後に株式を全部取得条項付種類株式にする取引について下記のような判示をしています。

　「多数株主が株式会社の株式等の公開買付けを行い、その後に当該株式会社の株式を全部取得条項付種類株式とし、当該株式会社が同株式の全部を取得する取引において、独立した第三者委員会や専門家の意見を聴くなど多数株主等と少数株主との間の利益相反関係の存在により意思決定過程が恣意的になることを排除するための措置が講じられ、公開買付けに応募しなかった株主の保有する上記株式も公開買付けに係る買付け等の価格と同額で取得する旨が明示されているなど一般に公正と認められる手続により公開買付けが行われ、その後に当該株式会社が買付け等の価格と同額で全部取得条項付種類株式を取得した場合（※下線筆者）には、上記取引の基礎となった事情に予期しない変動が生じたと認めるに足りる特段の事情がない限り、裁判所は、上記株式の取得価格を公開買付けにおける買付け等の価格と同額とするのが相当である。」

3　民事信託

　事業承継信託は、オーナー経営者（委託者）が生前に、自社株式を対象に信託を設定し、信託契約において、自らを当初受益者とし、オーナー

---

[29] 信託を活用した中小企業の事業承継円滑化に関する研究会「中間整理〜信託を中心とした中小企業の事業承継の円滑化に向けて〜」（2008年9月）6頁

経営者死亡時に後継者が受益権を取得する旨を定めます。

　同時に委託者であるオーナー経営者が、議決権行使の指図権を保持し、受託者はその指図に従い議決権を行使することになります。

　そして、相続時に受益権を分割して非後継者の遺留分に配慮しつつ、議決権行使の指図権を後継者のみに付与するというものです。「議決権信託」は議決権を統一的に行使するため、株主が1人であの受託者に対し信託するものです[30]。議決権信託の有効性は、議決権拘束契約と同じ理由で有効と解されており[31]、その効力は受託者が議決権を指図人の指図に従い行使することから、合意に反する議決権行使は想定し得ないといわれています。

　会社法上問題となるのは、相続発生時に後継者が相続する株式数にかかわらず、議決権行使の指図権を全部有することができるのか、すなわち、議決権行使の指図権と受益権との分離が可能であるかという点にあります。

　発行会社に対して議決権を行使できるのは名義人としての受託者であるが、特約により議決権の行使は受益者又は委託者の指図によって行うことが可能とされており、当該仕組みは一般的な株式管理信託ではよく利用されます。

　議決権行使を指図する当該権利を「議決権行使の指図権」と呼びますが、受益者に指図権を平等に付与しない場合、会社法の1株1議決権の原則との抵触が問題視されます。

　各株主は原則としてその有する株式1株につき1個の議決権を有するが、実質的な株主である受益とその議決権の指図権者を区別することにより、自益権と共益権とが分離し、会社法の認めていない複数議決権株式を実質的に創出していることになるのではないかという懸念が生じる

---

30 なお、議決権のみの信託は認められない。議決権は財産権ではなく、また、株式によって表彰される権利は一体をなすものであるから、議決権だけを信託することは認められない。四宮和夫『信託法（新版）』（有斐閣、1989）136頁参照のこと。

31 議決権拘束契約は、株主総会ごとに議決権代理行使の代理授与を要求している会社法第310条第2項に違反しているか問題となるが、同条の趣旨は、経営陣が会社支配のために議決権代理行使の濫用を防止することにあり、そうでない議決権拘束契約に同条を形式的に当てはめることは妥当ではない。

というわけです。

　この点、「非公開会社においては議決権について株主ごとの異なる取扱い（属人株）を定めることが許容されており（会法109②）、剰余金等配当請求権等の経済的権利と議決権を分離することも許容されています。複数の受益者のうちの特定の者に議決権行使の指図権を集中させても会社法上の問題は生じないのです」[32]という解釈が明らかにされ課税実務上もこれを活用されることとなっています。

4　エクイティ・デリバティブ／貸株

　対象となる株式を取得・保有するのと同時にエクイティ・スワップのショート・ポジションをとるという方法です。エクイティ・スワップは、固定又は変動金利と株式又は株価指数のリターンから生じるキャッシュ・フローの全部を相手側に引き渡すという手法となります。株主は、一定の金利を対価として株式から生じるキャッシュ・フローの全部を相手側に引き渡す契約を締結されます。

　また、一法として貸株もあります。株主総会の議決権行使の基準日の直前に株式を借入、議決権を取得し、基準日後に返還するものです。当該株主は、議決権を完全な株主として行使できつつ、この株式の騰落による影響を受けないし、配当を取得することもありません[33]。

　なお、上記2つは投機性金融商品として証券会社から取り扱われていることから中小企業実務には全く関係ありません。

5　長期委任

　後継者を代理人として委任状により議決権行使を長期間委任させる手法も考えられます。

　しかし、議決権行使の代理権の授与は総会ごとにしなければならないため（会法310②、325）、実現困難です。ただし閉鎖会社においては経営者における会社支配の手段として濫用されるのでなければ有効と解

---

32 信託事業承継研究会　前掲注29「中間整理」8頁　なお、公開会社や上場会社においても指図権の分離が会社法上問題ないかという論点につき、会社法上有効とされる説が有力である。この点、中田直茂「事業承継と信託」ジュリスト1450号（2013年）24〜25頁

33 森田　前掲注23　103頁

されます[34]。

6　会社法上の問題

　議決権と自益権を分離する事業承継スキームの会社法上の有効性には問題はありません。これはあくまでその目的が閉鎖会社の株主間の合意に基づくものだからです。

　しかし、少数株主の議決権を不当に制限することはあってはならないため、この場合、会社法上無効となる可能性もあるでしょう[35]。また租税法上の評価で一定の区分をすべきであるとも考えられます。

　極端にいえば、株式の経済価値を一切有せず、議決権を行使する者を創出することも可能であるから、議決権行使と表裏をなす経済的リスクを負わない株主が生ずることになるのです。

　これは会社法が株主に議決権を付与した趣旨（株主は、経済的な残余権者であるから、会社の負債を控除した純資産を増加させる強力なインセンティブを有し、議決権を株主に付与することが会社全体の効率的な経営に資する）を根本から揺るがすことになり得ます。

　これら制度の濫用により少数株主や債権者等の利害が大きく害されることは、会社法違反として無効となる可能性は多分にあるでしょう。

7　信託法上の問題

　エンプティ・ボーティングと評価される信託についても影響は当然及びます。

　事業承継信託は、株主議決権と経済的持分の乖離を生じさせる信託であるから、信託法上、他社を害する指図権の濫用がある場合には、議決権の指図権者に、信託法上の受託者に応じた善管注意義務、忠実義務、公平義務を課すべきであるという解釈が適用される余地もあるし、また検討されるべきであると考えられます[36]。

34　江頭　前掲注20　340頁
35　江頭　前掲注20　338頁
36　白井正和「エンプティ・ボーティングをめぐる議論の状況とそこから得られる示唆」
　　法律時報86巻3号（2014年）12頁

8　評価の問題

　自益権と共益権の自由なアレンジメントが実現可能になりつつある現状においても、それらの権利の公正な評価額（経済的価値）を計算することは非常に困難です。

　例えば、相続税法上の評価では従来の自益権を共益権が分離されていない普通株式の評価方法にとらわれていて、これらを適正に評価する指針は現状、公表されていません。

　また議決権には価値がないという前提で自益権のみを評価するのは実務通説であるが、支配権者が有する議決権には本当に価値がないのかは議論の余地が残るところです。この評価の困難性の議論はすでに種類株式では蓄積されています[37]。しかし、一定のオーソライズされた評価方法はありません。

　ファイナンス的な公正価値の評価（上述、最判平成28年7月1日参照のこと。元来「公正な価格」と租税法における評価は相いれないものと思われます）と相続税法上の評価が乖離する不確実性は極めて高いのです。相続トラブルが想定される事業承継の局面では、事前の対応が困難で実務上も阻害要因となっていることが現実です。

　これは民事信託の受益権の評価についても同様です。基本的には、信託が付与されていない閉鎖会社株式の評価額により評価することになっていますが、受益者連続型信託において信託受益権を収益受益権と元本受益権とに複層化した場合の評価額の算定方法について課題は残ります[38]。租税法上、自益権と共益権を分離させた場合、そもそも租税法上の「資産」に該当するかという上で、評価のヒントが上掲の調査に生かす判決情報039に係る裁判例です。ただし、本判決の射程については議論の余地があります。

---

37 渋谷雅弘「無議決権株式を用いた事業承継のプランニング」租税事例研究96号（2007年）69頁以下、渋谷雅弘「種類株式の評価」金子宏編『租税法の基本問題』（2007年）647頁以下、一高龍司「相続税における財産評価の今日的問題〜事業承継と種類株式〜」日税研論集68号「租税法における今日的財産評価の今日的理論問題」（日本税務研究センター、2016）145頁以下等

38 高橋倫彦「受益権複層化信託の相続課税」T&Amaster No.619（2015）14頁以下

9　租税法上の問題

　株主間契約及び長期委任及び貸株については譲渡・贈与の時期の問題が生じます。

　種類株式では上述の通り評価の問題があります。

　民事信託においては、例えば受益者が存しない信託を将来の受益者を親族又は未生の者とすると、通常の取引よりも重い課税が生じるため、事業承継信託の活用場面は非常に限定的であるといったものです[39]。

　エクイティ・デリバティブについては、現行租税法の多くが、普通株式を前提に構築されており、種類株式・民事信託を用いた株式の議決権と経済的持分とを乖離させた場合における対応は全くもっていません（もっとも、これについては中小企業実務においては一切留意する必要はありません）。

　相続税評価の曖昧さも手伝い、当事者において価値があると思う権利を取得しながら低い評価額で課税を受けるという租税回避も実行可能性は多分にあり得るのです[40・41]。

---

39 渡辺徹也「受益者等が存しない信託に関する課税ルール」日税研論集62号『信託税制の体系的研究—制度と解釈—』（日本税務研究センター、2011）193 ～ 194頁参照。
40 品川芳宣「世代間の資産移転・事業承継をめぐる現状と課題」税理Vol.59　No.6（2016）18 ～ 19頁
41 日本公認会計士協会の下記「専門情報」も参照してください。
　租税調査会研究報告第33号「取引相場のない株式の評価の実務上の論点整理」の公表について
　https://jicpa.or.jp/specialized_field/20180919jhj.html

Ⅵ－2　取引相場のない株式を同族特殊関係者間で譲渡した場合のエビデンス

> **Q** 取引相場のない株式を同族特殊関係者間で譲渡した場合のエビデンスについて教えてください。

> **A** 下記が一連の流れとなります。なお、取引相場のない株式を同族特殊関係者間で譲渡する場合、別途税務上適正評価額の算定が必要になります。さらにそれが税務上適正評価額であるかどうかの検討を稟議書で行い、株価算定書を添付する必要があります。

【解　説】

（1）初　動

　株価算定時に株価算定チェックリストをもとに納税者に資料を用意させます。

　最初に、

・全部履歴事項証明書

・定款

・株主名簿（真正なもの）

を確認します。

登記事項証明書（会社謄本）（例）★1

株券を発行する旨の定め	当会社の株式については、株券を発行する 平成 17 年法律第 87 号第 136 条の規定により平 18 年 5 月 1 日登記

★1　中小企業の場合、発行会社であれば速やかに不発行会社へ切り替えます。株券発行会社の場合、株券という現物なき状態ので株式異動（譲渡、相続、贈与、遺贈等々）は形式基準に抵触する可能性があります。

定款（例）（株式部分の抜粋）

第2章　株　式

　第5条　当会社の発行可能株式総数は、○○○株とする。

　第6条　当会社の発行する株式の譲渡による取得については、取締役会の承認を受けなければならない。

　第7条　当会社は、相続その他の一般承継により当会社の譲渡制限の付された株式を取得した者に対し、当該株式を当会社に売り渡すことを請求することができる。

　第8条　当会社の株式の取得者が株主の氏名等の株主名簿記載事項を株主名簿に記載又は記録することを請求する場合には、当会社所定の書式による請求書に記名押印しその取得した株式の株主として株主名簿に記載若しくは記録された者又はその相続人その他の一般承継人と株式の取得者が署名又は記名押印し、共同してしなければならない。

　第9条　第8条の請求をする場合には、当会社所定の手数料を支払わなければならない。

（参照）

譲渡制限株式の定款

取締役会設置会社	取締役会設置会社
第7条　当会社の発行する株式の譲渡による取得については、取締役会の承認を受けなければならない。	第7条　当会社の発行する株式の譲渡による取得については、株主総会の承認を受けなければならない。

（参照）

株式譲渡制限の定款（例）（みなし規定あり）

> 第○条（株式の譲渡制限）
> 1　当会社の株式を譲渡により取得するには、取締役会の承認を受けなければならない。
> 2　株主間の譲渡については、取締役会の譲渡承認があったものとみなす。
> 3　会社の取締役又は使用人を譲受人とする譲渡については、取締役会の譲渡承認があったものとみなす。

株主名簿[1]

株式会社○○○○　　株主名簿						20××年××月××日現在
株主番号	氏名・名称	住所	種類	株式数	取得年月日	備考
1	○○○○	東京都○○区 ××	普通	100	xx.xx.xx	設立発行
2	××××	東京都○○区 ××	普通	50	xx.xx.xx	□□□から相続により取得
3	△△△△	埼玉県○○市 ××	普通	50	xx.xx.xx	

[1]　株主名簿は真正なものであることを確認する必要があります。

　M&A実行プロセスの中において法務デューデリジェンスの中で株式異動の変遷を確認しますが、それをできる範囲で行います。

（参照）

　法務デューデリジェンスの該当部分雛形は下記です。そこで「○○を参照して作成しております」という注意書きが必ず記載されています。それらについて納税者とのやりとりを全て記録します。可能な限り書証化します。

【株主概要（株式構成）】

　○全株普通株式と登記簿謄本より確認しております。
　○譲渡制限有（承認機関取締役会）株券発行会社であると登記簿謄本より確認しております。
　【株主構成：○年○月末日現在】

氏名	続柄	住所	持株数	持株割合	議決権数	議決権割合
A	本人	○○	430 株	71.66%	430 個	71.66%
B	妻	○○	170 株	28.33%	170 個	28.33%
			600 株	100%	600 個	100%

　（注1）登記簿謄本、法人税申告書別表2確認しました。
　（注2）平成17年10月1日取締役会議事録確認済みです。
　（注3）上記取締役会で○○氏より譲渡済みです。
　（注4）○年○月○日現在の株主名簿でA450株、B150株を確認済みです。
　（注5）株主名簿と○年○月期法人税申告別表2の株数の違いは、株主名簿に記載のない株式
　　　　異動を確認しました。

　　上記内容を経理担当者へ確認したところ、A氏からB氏へ平成25年から3年間毎年10株の異動
があると報告を受けました。
　　上記報告を受け、証拠書類としてB氏の贈与税申告書（H25.26.27）より確認しました。
　　つまり実態の持ち株割合はA氏420株、B氏180株（○年○月期段階）となっています。

【株主推移表】

	株主名								譲渡事由
	A	B	C	D	E	F	G	H	
S61.2.8	140	40	60	60	40	40	10	10	(注)設立時
S63.8.8	50		▲60				10		(注)60株を50株と10株へ譲渡
S63.8.8		20	20		▲40				(注)40株を20株と20株へ譲渡
S63.8.8	10							▲10	(注)10株へ譲渡
S63.12.31		20				▲20			(注)20株へ譲渡
H12.8.29	200								(注)新株発行1,000万円発行
H12.9.30			40	▲40					(注)相続により40株へ譲り受け
H16.10.1	20	20	▲40						(注)40株、20株、20株譲渡
H16.12.27	20		▲20						(注)20株へ譲渡
H17.7.28		20	▲20						(注)20株へ譲渡
H17.9.30	10	30	▲10						(注)40株を10株、30株譲渡
H25.9.1	▲10	10							(注)10株を譲渡
H26.9.1	▲10	10							(注)10株へ譲渡
H27.9.1	▲10	10							(注)10株へ譲渡
計	420 株	180 株	0	0	0	0	0	0	

【株主推移表】

【財務 DD 時点（○年月○日時点　株主名簿】

A	420	22,000,000
B	180	8,000,000
計	600	30,000,000

（注）・対象会社事務所にある株主名簿より設立から H17.9.30 までの履歴を確認しました。

　　　・B 氏の贈与税申告書（平成 25 年、平成 26 年、平成 27 年）より左記 3 年間の株式異動を確認しました。なお、上記贈与に伴う契約書等は確認できていません。

　　　・対象会社の平成 25 年 9 月期、平成 26 年 9 月期、平成 27 年 9 月期の法人税申告書別表 2 を確認、結果、株主名簿の内容と不一致であることを確認しました。

　　　・上記内容は株主名簿と経理担当者からのヒアリングにより確認しました。

（2）譲渡実行

　株式譲渡契約書及び稟議書あるいは株価算定書を用意します。同族特殊関係者間における譲渡においては税務上の適正評価額が当局念査項目になりますので、株価算定書通りの価額で譲渡する場合、あるいはそれとずれたとしてもその理由が株価算定書に詳細記載が施している場合、稟議書は必須ではありません。

　なお、株主総会議事録、又は取締役会議事録はいつも通りですので本書では詳細は割愛します。

株式譲渡契約書

　○○（以下、譲渡人という）と　○○（以下、譲受人という）とは、以下のとおり契約を締結した。

第1条　譲渡人は譲受人に対し、令和○年○月○日をもって[★1]株式会社○○株式○○株を代金○○円で売り渡し、譲受人はこれを買い受けた。なお、当該株式は各々、別紙の株式数を譲り受けするものとする。[★2]

第2条　譲受人は譲渡人に対し、令和○年○月○日までに代金○○円を支払う。

第3条　譲渡人は譲受人に対し、上記株式売買について、株式会社○○の取締役会が承認済みであることを保証する。

　本契約の締結を証するため本書5通を作成し、各自記名捺印[★3]のうえ各1通を保有する。

令和○年○月○日[★4][★5]

（以下略）

[★1]　受渡日。

　　法人税法：原則約定日基準

　　消費税法：株券発行会社の場合、株券の引渡し日基準。同時履行の抗弁権により通常同一日となります。

[★2]　株券発行会社の場合、別途株券の引渡し条項を付与します。

[★3]　金額的に重要性があるものは、印鑑証明書、場合よっては確定日付が必要となります。

[★4]　約定日。

[★5]　週刊T&Amaster「贈与契約に顕名なしも、代理行為は有効（2022年10月3日号・№948）」もご参照ください。

　株価算定書例　下記は個人から法人売買の例になっていますが、個人から個人、法人から個人、法人から法人でも項目は一緒です。しかし、当然ながら適用される税務上適正評価額は変わります。

　（パターン１）

1　評価目的

　代表取締役社長××が○○株式会社株式をホールディングス（仮）へ売却する場合の評価額を算定すること。

2　評価額

　上記１の評価目的より、○○株式会社株式については、所得税基本通達59－６の規定を適用して評価額を算定した。

　○○株式会社株式評価額

　評価基準日　令和４年２月10日時点

　評価額　１株当たり１、000円

所得税基本通達59－６

　（株式等を贈与等した場合の「その時における価額」）

59－６　法第59条第１項の規定の適用に当たって、譲渡所得の基因となる資産が株式（株主又は投資主となる権利、株式の割当てを受ける権利、新株予約権（新投資口予約権を含む。以下この項において同じ。）及び新株予約権の割当てを受ける権利を含む。以下この項において同じ。）である場合の同項に規定する「その時における価額」は、23～35共－９に準じて算定した価額による。この場合、23～35共－９の(4)ニに定める「１株又は１口当たりの純資産価額等を参酌して通常取引されると認められる価額」については、原則として、次によることを条件に、昭和39年４月25日付直資56・直審（資）17「財産評価基本通達」（法令解釈通達）の178から189－７まで（（取引相場のない株式の評価））の例により算定した価額

とする。

(1)　財産評価基本通達178、188、188-6、189-2、189-3及び189-4中「取得した株式」とあるのは「譲渡又は贈与した株式」と、同通達185、189-2、189-3及び189-4中「株式の取得者」とあるのは「株式を譲渡又は贈与した個人」と、同通達188中「株式取得後」とあるのは「株式の譲渡又は贈与直前」とそれぞれ読み替えるほか、読み替えた後の同通達185ただし書、189-2、189-3又は189-4において株式を譲渡又は贈与した個人とその同族関係者の有する議決権の合計数が評価する会社の議決権総数の50％以下である場合に該当するかどうか及び読み替えた後の同通達188の(1)から(4)までに定める株式に該当するかどうかは、株式の譲渡又は贈与直前の議決権の数により判定すること。

(2)　当該株式の価額につき財産評価基本通達179の例により算定する場合（同通達189-3の(1)において同通達179に準じて算定する場合を含む。）において、当該株式を譲渡又は贈与した個人が当該譲渡又は贈与直前に当該株式の発行会社にとって同通達188の(2)に定める「中心的な同族株主」に該当するときは、当該発行会社は常に同通達178に定める「小会社」に該当するものとしてその例によること。

(3)　当該株式の発行会社が土地（土地の上に存する権利を含む。）又は金融商品取引所に上場されている有価証券を有しているときは、財産評価基本通達185の本文に定める「1株当たりの純資産価額（相続税評価額によって計算した金額）」の計算に当たり、これらの資産については、当該譲渡又は贈与の時における価額によること。

(4)　財産評価基本通達185の本文に定める「1株当たりの純資産価額（相続税評価額によって計算した金額）」の計算に当たり、同通達186-2により計算した評価差額に対する法人税額等に相当する金額は控除しないこと。

（パターン２）

1　評価目的

　代表取締役社長××が○○株式会社株式をホールディングス（仮）へ売却する場合の評価額を算定すること。

2　評価額

　上記１の評価目的より、○○株式会社株式については、所得税基本通達59－6の規定を適用して評価額を算定した。

　　○○株式会社株式評価額

　　評価基準日　令和４年２月10日時点

　　評価額　１株当たり1,000円

○所得税基本通達59－6

　パターン１と同じ。

　なお、実際の売買にあたっては実務慣行上10％のディスカウントを行う場合もある。

　その場合の評価額は下記の通りである。

　　○○株式会社株式評価額

　　評価基準日　令和４年２月10日時点

　　評価額　１株当たり900円

（パターン3）

1　評価目的

　代表取締役社長××が○○株式会社株式をホールディングス（仮）へ売却する場合の評価額を算定すること。

2　評価額

　上記1の評価目的より、○○株式会社株式については、所得税基本通達59－6の規定を適用して評価額を算定した。

　　○○株式会社株式評価額

　　評価基準日　令和4年2月10日時点

　　評価額　　1株当たり1,000円

○所得税基本通達59－6

パターン1、2と同じ

　なお、実際の売買にあたっては実務慣行上10％のディスカウントを行う場合もある。

　その場合の評価額は下記の通りである。

　　○○株式会社株式評価額

　　評価基準日　令和4年2月10日時点

　　評価額　　1株当たり900円

　なお、参照すべき裁決・裁判例・判例は多岐にわたるが、本案件の評価につき参照した事例について下に列挙する[42]。

○大阪地裁昭和53年5月11日判決

　相続対策に伴う株式の売買価格が問題となった事例。裁判所は評価の困難性を認め、各種の評価方法を併用して時価を算定し、著しく低い対価とは3/4未満（75％未満）と認定。

○大阪地裁昭和62年6月16日判決

　時価として類似業種比準価格を採用し、著しく低い価格の判断基準と

42判例概略は、山田俊一『難問事例のさばき方　第2集』（ぎょうせい、2016）90頁
　～92頁を参照しています。

して時価の60％を用いて判断した事案。

○東京地裁平成19年8月23日判決

　親族間で相続税評価額を対価とする譲渡（譲渡損失が生じて、損益通算した申告がなされた）が行われたところ、課税庁はその対価は「著しく低い」として、みなし贈与を適用して更正処分をしたところ、裁判所は相続税評価額を譲渡対価とした場合の、その対価は「著しく低い対価」とは言えないとして課税処分を取り消した事案（時価の約80％）。

○平成13年4月27日裁決

　納税者は親子間の底地売買価格は時価を上回ると主張したが、審判所は公示価格を基にして時価額4,566万1,363円を算定し、売買価格（時価の59.4％）との差額は1,850万1,000円にも達するので、著しく低い価額の対価にあたるとした事案。

○平成15年6月19日裁決

　原処分庁は、本件の土地建物売買（当該売買価額が時価に占める割合は79.3％）は著しく低い対価に当たると主張したが、売主の祖母は相続によって取得した土地家屋（長期に保有）を、借入金を返済するため、買主の孫は自らの将来を考え、金融機関から融資を受けて土地家屋を買い受けたもので、売買価格は固定資産税評価額などを斟酌して決定し、この土地建物の相続評価額を超え、これらを勘案すると、著しく低い対価による譲り受けには当たらないと、判断された事案。

＜上記事案のまとめと所感＞

　上記事案を総合的に勘案すると、時価に取引価格の占める割合が80％であるときは「著しく低い対価」に当たらないと思われる。一方で、60％未満では著しく低いと認定された事案があり、また時価の3/4（75％）未満を著しく低い価額と認定した事例もある。

　したがって、過去の裁決・裁判例・判例からは総合的に、「著しく低い対価」の「低い」程度とは、租税の安定性の見地から時価の約80％程度きることであり約20％を安全率と考えるのが無難である。

（3）譲渡実行後

・譲渡所得税の申告

・株主名簿の書換え

・法人税別表二の書換え

を行います。

　先述の法務デューデリジェンスにおける過去の株主来歴はこれと株主総会議事録、取締役会議事録をトレースして行いますが、将来においてトレースできる資料を保全することを意識します。

Ⅵ－3　個人⇒個人間の税務上の適正な自社株評価額

> **Q** 個人⇒個人間の税務上の適正な自社株評価額についてご教示ください。

> **A** 相続・贈与・遺贈・譲渡の各場面で適用される株価は異なります。また誰から誰へ、でも利用される株価は変わります。
>
> 　個人→個人、個人→法人、法人→個人、法人→法人と4別されますが、すべて一方通行でそれぞれの場合で判定していきます。

【解　説】

　税務上の適正評価額は「譲受人ベース」での「譲受後の議決権割合」で判定します。原則が相続税評価原則、例外が配当還元方式です。相続・贈与・遺贈と同様の考え方をとるからです。みなし贈与認定は適正時価の約80％程度をきるくらいです。

　なお、判定は次頁の図表に従います（以下、判定に関して次頁の図表を使うことは全て共通）。

区分	株主の態様				評価方式
同族株主のいる会社	同族株主	取得後の議決権割合が5％以上の株主			原則的評価方式
		取得後の議決権割合が5％未満の株主	中心的な同族株主がいない場合		
			中心的な同族株主がいる場合	中心的な同族株主	
				役員である株主又は役員となる株主	
				その他の株主	配当還元方式
	同族株主以外の株主				

区分	株主の態様			評価方式
同族株主のいない会社	議決権割合の合計額が15％以上の株主グループに属する株主	取得後の議決権割合が5％以上の株主		原則的評価方式
		取得後の議決権割合が5％未満の株主	中心的な株主がいない場合	
			役員である株主又は役員となる株主	
			その他の株主	配当還元方式
	議決権割合の合計が15％未満の株主グループに属する株主			

個人⇒個人間における相続・贈与・遺贈・譲渡において適用されます。

株式の個人⇒個人間の異動について基本的課税関係[43]

○時価による譲渡（民法555、売買）

　譲渡価額が譲渡収入金額（所法36①・②）

　株式の取得価額及び譲渡費用が必要経費（所法33③）

　株式等に係る譲渡所得は分離課税（措法37の10①）

　購入代価が取得価額（所法48、所令109①四）

○贈与（民法549）

　譲渡価額が譲渡収入金額0円（所法36①・②）、しかし、譲渡損失はなかったものとみなされる（所法59②、所基通59－3）

　所得税は非課税（所法9①十六）

　時価が贈与財産（相法9）

　将来、必要経費となる取得価額は譲渡者の取得価額を引き継ぐ（所法60①一）

---

43 中島茂幸『非上場株式の税務』30頁（中央経済社、2015）

○単純承認の相続（民法920）及び包括遺贈（民法990）

　被相続人に課税規定なし

　所得税は非課税（所法9①十六）

　時価が相続財産（相法11の2、評基通1）

　将来、必要経費となる取得価額は譲渡者の取得価額を引き継ぐ（所法60①一）

○限定承認の相続（民法922）及び限定承認の遺贈（民法986）

　被相続人の譲渡所得、時価を譲渡収入金額とみなされる（所法59①一）

　株式の取得価額及び譲渡費用が必要経費（所法33③）

　株式等に係る譲渡所得は分離課税（措法37の10①）

　時価が相続財産（相法11の2、評基通1）

　将来、必要経費となる取得価額は相続時の時価となる（所法60②）

Ⅵ－4　個人⇒法人間売買の税務上の適正評価額

　個人⇒法人間売買の税務上の適正評価額についてご教示ください。

A　所得税基本通達59－6の規定を用います。課税上弊害がない限り配当還元方式価額での評価も可能です。

【解　説】

　税務上の適正評価額は「譲渡人ベース」での「譲渡直前の議決権割合」で判定します。原則が所得税基本通達59－6、例外が配当還元方式です。みなし贈与認定は適正時価の約80％程度をきるくらいです。

個人⇒法人間の異動の留意点[44]

○時価による譲渡（民法555、売買）

・譲渡価格＝時価

・譲渡価額が譲渡収入金額（所法33、36①②）

・株式の取得価額及び譲渡費用が必要経費（所法33③）

・株式等に係る譲渡所得は分離課税（措法37の10①）

・譲渡対価が取得価額（法令119①一）

○低額譲渡（時価の50％≦譲渡価額＜時価）

・譲渡価額が譲渡収入金額（所法33、36①②）

・株式の取得価額及び譲渡費用が必要経費（所法33③）

・株式等に係る譲渡所得は分離課税（措法37の10①）

・時価を取得価額（法令119①二十六）

・時価との差額は受贈益課税（法法22②）

○高額譲渡（譲渡価額＞時価）

・差額原因により給与所得又は一時所得（所基通34－1(5)）（時価＝譲

44中島茂幸『非上場株式の税務』92頁（中央経済社、2015）

　渡価額）が譲渡収入金額（所法33、36①②）

・株式の取得価額及び譲渡費用が必要経費（所法33③）

・株式等に係る譲渡所得は分離課税（措法37の10①）

・時価を取得価額（法令119①二十六）

・時価との差額は給与又は寄附金等（法法22③）

○著しく低い価額で譲渡（譲渡価額＜時価の50%未満）／贈与又は遺贈
　（民法549、990）（譲渡価額＝０）

・譲渡者の譲渡所得（時価）を譲渡収入金額とみなす（所法59①一・②、
　所令169、所基通59－３、59－６）

・株式の取得価額及び譲渡費用が必要経費（所法33③）

・株式等に係る譲渡所得は分離課税（措法37の10①）

・時価を取得価額（法令119①二十六）

・時価との差額は受贈益課税（法法22②）

（参照）

○取引相場のない株式～発行会社を介する三者間の譲渡にみなし譲渡課
　税等～（令04－02－14　東京地裁　棄却　TAINSコードＺ888－
　2419）

　　A社は、代表取締役（甲）から、A社株式5,000株を１株当たり1,500
円で取得（本件取引１）した上で、取締役兼営業部長である甲の長男（乙）
に譲渡（本件取引２）しました。同様に、A社は、同社の元取締役から、
A社株式１万1,460株を取得した上で、乙に譲渡（本件取引３）しました。
この事案は、A社の自己株式の取得及び譲渡に係る取引について、処分
行政庁から、甲はみなし譲渡に該当するとして、乙は享受した経済的な
利益が給与所得に該当するとして更正処分を、A社は源泉所得税の納税
告知処分を受けたことから争われたものです。裁判所では、次のとおり
判断し、甲、乙及びA社の請求を棄却しました。

　　本件取引１は、所基通59－６に基づき算定した価額（１株当たり
１万7,577円）の２分の１に満たない金額（１株当たり1,500円）によ
りA社株式5,000株を譲渡したものであり、所得税法59条１項２号所定

の「著しく低い価額の対価として政令で定める額による譲渡」に該当するものと認められるから、同項の規定を適用したことをもって、甲の更正処分が違法なものはいえない。

　乙は、本件取引2及び3の時における価額と実際の対価の額との差額に相当する経済的な利益を享受したものであるし、この経済的な利益は所得税法28条1項所定の「給与等」に該当するものと認められるから、同項の規定を適用したことをもって、乙の更正処分及びＡ社の納税告知処分が違法なものとはいえない。

Ⅵ－5　法人⇒個人間、法人⇒法人間売買の税務上の適正評価額

> **Q** 法人⇒個人間、法人⇒法人間売買の税務上の適正評価額についてご教示ください。

> **A** 税務上の適正評価額は「譲受人ベース」での「譲受直後の議決権割合」で判定します。原則が法人税基本通達9－1－14又は同通達4－1－6、例外が配当還元方式です。みなし贈与認定は適正時価の約80％程度をきるくらいです。
>
> 　法人税基本通達9－1－14（法基通4－1－6）又は合併比率、交換比率の算定、第三者割当増資の1株当たり価額算定等に利用されます。

〈株式の法人⇒個人間異動についての留意点[45]〉

○時価による譲渡（民法555売買）（譲渡価額＝時価）

・譲渡価額から取得価額及び譲渡費用を控除した差額が益金の額又は損金の額・譲渡利益額又は益金の額・譲渡損失額又は損金の額（法法22②、61の2）

・購入代価が取得価額（所法48、所令109①三）

○時価より低い価額で譲渡（譲渡価額＜時価）

・時価が譲渡収入（法基通2－3－4）

・譲渡価額と時価との差額は寄附金（法法37⑧）

・役員等への経済的利益の供与（法基通9－2－9⑵）

・購入代価が取得価額（所法48、所令109①三）

・経済的利益の享受（所基通36－15⑴）

・購入代価と時価との差額は一時所得等（所基通34－1⑸）、（業務に関して受けるもの及び継続的に受けるものは給与等の所得課税）

---

45 中島茂幸『非上場株式の税務』120頁（中央経済社、2015）

○時価より高い価額で譲渡（譲渡価額＞時価）

・時価が譲渡収入（法基通2－3－4）

・譲渡価額と時価との差額は受贈益（法法25の2②）

・受贈益が生じると法人の株主へのみなし贈与（相基通9－2）

・時価が取得価額（所法48、所令109①三）

・購入代価と時価との差額は法人への贈与

○贈与（民法549）（譲渡価額＝0）

・時価が譲渡収入

・時価相当額が寄附金（法法37⑧）、（業務に関して贈与するもの及び継続的に贈与するものは給与等の損金の額）

・時価が取得価額（所法48、所令109②三、評基通1）

・一時所得（所基通34－1(5)）、（業務に関して受けるもの及び継続的に受けるものは給与等の所得課税）

〈法人間の異動で留意すべき点[46]〉

○時価による譲渡（民法555、売買）（譲渡価格＝時価）

・譲渡価格から取得価額及び譲渡費用を控除した差額が益金の額又は損金の額

・譲渡利益額又は譲渡損失額（法法22②、61②）

・購入代価が取得価額（法令119①）

○時価より低い価額（譲渡価額＜時価）で譲渡

・時価から取得価額及び譲渡費用を控除した差額が益金・損金の額

・時価と譲渡価額との差額が寄附金（法法37⑧）

・時価が取得価額（法令119①一）

・購入代価と時価との差額は受贈益（法法22②）

○時価より高い価額で譲渡（譲渡価額＞時価）

・時価から取得価額及び譲渡費用を控除した差額が益金・損金の額

・時価と譲渡価額との差額が受贈益（法法25の2②）

・時価が取得価額（法令119①一）

---

46 中島茂幸『非上場株式の税務』146頁（中央経済社、2015）

・購入代価と時価との差額は寄附金（法法37⑧）

○贈与（民法549）（譲渡価額＝0）

・時価を譲渡価額として取得価額及び譲渡費用を控除した差額が益金又は損金の額

・時価が取得価額（法令119①⑧）

・時価相当額は受贈益（法法22②）

Ⅵ-6　株式を譲渡した場合の取得費に係る　エビデンス

> **Q** 株式を譲渡した場合の取得費に係るエビデンスを教えてください。

> **A** 上場企業株式売却と取引相場のない株式を売却する場合で対応は異なります。取引相場のない株式は通常旧券面額（旧会社法にあった資本金計算における1口当たり旧券面額）で計算せざるを得ないケースが多く、これと概算取得費の比較になります。したがって下記では詳細な解説を加えません。
>
> なお、本書の主題ではないため詳細説明は一切割愛しますが、取引相場のない株式については、売却する前に組織再編成等々を用いて税務上の取得原価（取得費）を再計算（取得原価を増加させる）される手法もあります。

【解　説】

上場企業株式売却における取得費の証拠は非常に単純です。下記は大阪国税局資産課税課、資産課税関係　誤りやすい事例（株式等譲渡所得関係　令和3年分用）も参考にしています。

○証券会社が発行する取引報告書

　取引報告書以外に、取引残高報告書・月次報告書・受渡計算書

○証券会社に直接確認

　証券会社で過去10年分について保存が義務付けられている「顧客勘定元帳」の法定帳簿

○信託銀行等が発行する株式異動証明書　名義書換日が判明する場合に限ります。

○「名義書換日」さえわかれば、取得時期を把握して、その時期の相場をもとに取得費を独自算定

○預金通帳

　日記やメモ等々でも可能。これは不動産の取得費と同じです。

　令和元年11月28日裁決（裁事117集）は、「有償取得されたことを前提に、名義書換日の相場（終値）で取得価額を算定することも明確かつ簡便な推定方法として合理性を有する取得価額の把握方法であると解される」と判断しており、上記方法「○「名義書換日」さえわかれば、取得時期を把握して、その時期の相場をもとに取得費を独自算定　」について有償取得されたことを前提に、名義書換日の相場（終値）で取得価額を算定することも明確かつ簡便な推定方法として合理性を有する取得価額の把握方法であるとされています。

重要情報

（譲渡所得　取得価額の認定　その他）　請求人が相続により取得した上場株式の譲渡所得に係る取得費は、当該株式の被相続人への名義書換日を取得時期とし、その時期の相場（終値）によって算定することも合理的な取得費の推定方法であると判断した事例（令01－11－28公表裁決）TAINSコードJ117－2－05

《ポイント》

　本件は、請求人が相続により取得した上場株式の譲渡所得の計算上、控除する取得費に算入する金額は、当該株式の被相続人への名義書換日を確認し、当該名義書換日の終値により算定することも合理性を有する取得価額の把握方法であると判断したものである。

《要旨》

　原処分庁は、請求人が相続により取得した上場株式（本件株式）の取得費について、できる限りの調査を尽くしたものの、有償で取得した上場株式等はごく一部であり、大部分の上場株式等の実際の取得価額は判明しなかった旨主張する。

　しかしながら、名義書換日が判明している株式については、当該名義書換日を取得時期とし、その時期の相場（終値）で取得価額を算定することも、明確かつ簡便な推定方法として合理的であると解されるから、

本件株式の取得費は概算取得費によらず、総平均法に準ずる方法により算定すべきである。

（参照）

○国税庁課税部資産課税課情報「株式譲渡益課税のあらましＱ＆Ａ」

　（平成31年1月）問19「従業員持株会を通じて取得した株式の取得費等」

1　従業員持株会（以下「持株会」という。）を通じて取得した株式は、手元にある「投資等報告書」（注1）や「退会（引出）精算書」（注2）などに記載されている「簿価単価」（注3）を基に取得費を計算して差し支えない。

　（注1）「投資等報告書」（名称は持株会によって異なる。）は、半年に1回、持株会から各会員に通知され、拠出金額、取得株式数、簿価単価（1株あたりの取得単価）などが記載されている。ただし、その記載内容は持株会によって異なり、簿価単価が記載されていない場合もある。

　（注2）「退会（引出）精算書」（名称は持株会によって異なる。）は、退会時又は一部引出し時に持株会から各会員に交付され、退会時点又は一部引出し時点での拠出金額、取得株式数、簿価単価（1株あたりの取得単価）などが記載されている。ただし、その記載内容は持株会によって異なり、簿価単価が記載されていない場合もある。

　（注3）「簿価単価」の記載がない場合には、「拠出金額」を「取得株式数」で除した金額とする。

2　投資等報告書等がない場合や投資等報告書等では上記1の方法による取得費の計算ができない場合には、（持株会から引き出したときの）名義書換日の相場（金融商品取引業者のデータベースや当時の新聞記事等による終値）を基に取得費を計算して差し支えない。

　※　持株会を通じて取得した株式のほかに、同一銘柄株式を購入等している場合には、持株会を通じて取得した株式の取得価額と持株会

以外で購入等した株式の取得価額とを基に、総平均法に準ずる方法
により計算した1株当たりの取得費に売却株数を乗じて計算した金
額が株式の収入金額から控除される取得費となる。

第 VII 章

推計課税
に係るエビデンス

Ⅶ－1　推計課税の基本的な考え方

> **Q** 推計課税の基本的な考え方を教えてください。

> **A** 法人でも推計課税はなされますが実務では個人で当局指摘項目になることが多いです。まずは、非常に基本的な考え方を整理します。

【解　説】

　推計課税は、3つの要素をすべて満たさなければ課税処分できないのが原則です。

(1)法的要件

(2)必要性

(3)合理性

　推計課税の法的要件を確認しておきます。法人税法131条・所得税法156条から、推計課税の法的要件は3つあり、すべてを満たす必要があります。

①内国法人（居住者）が対象であること

②更正（決定）する場合にだけできる

③青色申告者にはできない

　当局調査時点において、何らかの理由で調査官が推計指摘しても、それが不利だと思えば直ちに修正申告に応じる必要は一切ありません。税務署が更正する場合にのみ推計課税をすることができると規定されているからです。

　青色申告者であれば推計課税はできないので、税務署が推計課税による更正をするのであれば、青色取消の処分が事前に必要になります。推計課税以前の問題として、青色の取消事由に該当していなければ、推計課税は採用できないということになります。

　推計課税を適用するには、法的要件を満たしたうえで、必要性が問わ

れます。

①帳簿書類等が存在しない

→故意による破棄以外の可能性もあります。

②帳簿書類等の不備

→誤記脱漏が多いことなど内容が不正確

③納税者が税務調査に非協力的

→帳簿書類等を提示しない

　のように、「実額計算によって調査ができない」ことが必要性です。

裁決事例集No.32－77頁　昭和61年7月29日裁決では、

【要旨】

　請求人は、必要経費の計算について、青色申告書以外の申告書の提出者（いわゆる白色申告者）との権衡上、実額計算が可能である場合であっても、白色申告者に適用される経費率による推計計算が有利であると認めるときは、その選択により、推計計算が許されるべきであると主張するが、所得税法では、実額計算が原則であり、推計計算は実額計算ができない場合にやむを得ず許される補完的な計算方法であるから、実額計算が可能である場合には、推計計算は許されない。

　したがって、請求人は、青色申告者であり、事業所得に関する所定の帳簿書類を備え、継続記録を有しており、事業所得の金額計算について実額計算が可能であるから、請求人の主張は採用できない。

　法人税・所得税はあくまでも原則実額計算であり、推計課税は実額計算できない状況という必要性が問われます。裁決・裁判例では、推計課税の計算方法の合理性、例えば、計算方法が不当か、より合理的な推計方法はないのかを争ったものが多いです。

（**参照**）財務省　令和4年度　税制改正の解説

　（一部抜粋）

5　家事関連費等の必要経費不算入等の改正

　隠蔽仮装行為に基づき確定申告書を提出し、又は確定申告書を提出し

ていなかった場合には、これらの確定申告書に係る年分の不動産所得、事業所得、山林所得又は雑所得の総収入金額に係る売上原価の額及びその年における販売費、一般管理費その他これらの所得を生ずべき業務について生じた費用の額は、その保存する帳簿書類等によりこれらの額の基因となる取引が行われたこと及びその額が明らかである場合等に該当するその売上原価の額又は費用の額を除き、その者の各年分のこれらの所得の金額の計算上、必要経費に算入しないこととされました。

（一部抜粋）

証拠書類のない簿外経費への対応策

○　税務調査の現場において、証拠書類を提示せずに簿外経費を主張する納税者や、証拠書類を仮装して簿外経費を主張する納税者への対応策として、以下の必要経費不算入・損金不算入の措置を講ずる。

○　納税者【対象範囲：所得税法及び法人税法の納税者】が、事実の仮装・隠蔽がある年分（事業年度）又は無申告の年分（事業年度）において、確定申告（更正を予知する前の修正申告を含む。）における所得金額の計算の基礎とされなかった間接経費の額（原価の額（資産の販売・譲渡に直接に要するものを除く。）、費用の額及び損失の額）は、次の場合を除き、必要経費（損金の額）に算入しない。
①　間接経費の額が生じたことを明らかにする帳簿書類等を保存する場合（災害その他やむを得ない事情により所得税法又は法人税法上保存義務のある一定の帳簿書類の保存をすることができなかったことを納税者が証明した場合を含む。）
②　帳簿書類等により間接経費に係る取引の相手先が明らかである場合その他の取引が行われたことが推測される場合であって、反面調査等により税務署長がその取引が行われたと認める場合
(注１)　納税者が個人の場合には、事業所得、不動産所得、山林所得又は雑所得を生ずべき業務を行う者の、その業務に係る事業所得の金額、不動産所得の金額、山林所得の金額又は雑所得の金額が対象（雑所得の金額にあっては、小規模な業務に係るものを除く。）。
(注２)　推計課税の場合においても適用される。
(注３)　上記の改正は、納税者が個人の場合については令和５年分以後の所得税について適用し、納税者が法人の場合については令和５年１月１日以後に開始する事業年度の所得に対する法人税について適用する。

【必要経費不算入・損金不算入のイメージ】
取引が行われた事実及びその費用の額が、①納税者の保存する帳簿書類等からも②税務当局による反面調査等によっても明らかにならない場合は、必要経費・損金に算入しない。

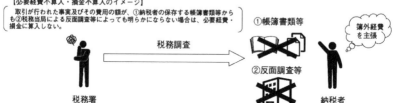

税務署　　　　　税務調査　　　　　①帳簿書類等　　　簿外経費を主張　　②反面調査等　　　納税者

Ⅶ－2　推計課税に係る当局のエビデンスの基本的な考え方

Q 推計課税に係る当局の証拠について基本的な考え方を教えてください。

A 「推計課税に関する裁判例は、各事案の個別具体的な事実関係や事情に基づき、その適法性の有無（推計の必要性及び合理性が認められるか否か）が判断されたものです。したがって、過去の裁判例を参照する際には、判示事項の一部や結論のみを取り上げ、自己の都合の良いように解釈して結論付けることのないよう留意してください。」と調査官に注意喚起されています。Ⅶ－1のように安易な推計課税の認容は避けるべきです。

【解　説】
○その他行政文書　調査に生かす判決情報077
情報　調査に生かす判決情報第77号　平成29年6月　裁判例から見る所得税の推計課税－推計課税を行うに当たって、知っておきたい近年の裁判例－　東京国税局課税第一部国税訟務官室
《ポイント》
▼　推計課税の適法性が争われた裁判例について争点ごとに紹介
　推計課税が適法であるというためには、「推計の必要性」と「推計の合理性」が認められることが必要です。本号では、訴訟上で問題となる「推計の必要性」と推計の合理性」に関する各争点について、争点ごとに裁判例を照会します。
Ⅱ　推計の必要性
Ⅲ　推計の合理性

▼　裁判例を参考にする際の留意点

　推計課税の適法性は、事案の個別具体的な事情を総合的にみて判断することになるので、安易に裁判例の結論のみを採用することのないよう留意してください。

Ⅰ　所得税の推計課税の根拠法令

　（中略）

Ⅱ　どのような場合に推計課税を行うことができるのか（推計の必要性）

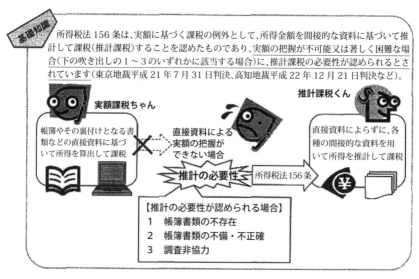

○《電気配線工事》調査非協力による推計の必要性が認められた事例（さいたま地裁平成20年1月30日判決・国側勝訴：確定）

【事案の概要】

　Y（課税庁）が、電気配線工事業を営むX（納税者）に対して、Xの調査非協力により実額で所得金額を算定することができないとして、Xの事業所得の金額を推計して行った所得税の更正処分等の適否が争われた事案。

【主な判示】

　Yの係官らは、X宅への臨場を6回行った上、Xが不在であった場合には連絡を依頼する旨記載した文書をX宅のポスト等へ5回にわたり差し置くなど、Xに対し税務調査への協力を繰り返し促したにもかかわら

ず、この間、Ⅹは、Ｙの係官らの臨場調査においても、第三者の立ち退き要請や、調査協力要請に応ずることなく、非協力的な態度をとり続け、結局、帳簿書類等を提示することがなかったことが認められ、これらの事実に鑑みると、本件において推計の必要性は認められる。

Ⅲ　推計課税が合理的であると認められるための要件（推計の合理性）

基礎知識　推計課税は、実額を把握する資料がないときに、やむを得ず間接的資料により所得を推計するものであるから、推計の方法は最もよく実際の所得に近似した数値を算出し得る合理的なものでなくてはならないとされ、推計課税が合理的であるというためには、次の3つの要件を充足することが必要であるとされています（さいたま地裁平成24年4月25日判決など）。

【推計の合理性の3要件】
要件1　推計方法の最適性
　採用した推計方法が、種々の推計方法のうち当該具体的事案に最適なものであること
要件2　基礎事実の正確性
　推計の基礎事実が正確に把握されていること
要件3　具体的推計方法の客観性
　具体的な推計方法自体できるだけ真実の所得に近似した数値が算出され得るような客観的なものであること

推計の合理性が認められるには、上記1～3の要件を満たしていなければならない。

要件1
推計方法の最適性
要件2
基礎事実の正確性
要件3
具体的推計方法の客観性

上記1～3の要件のいずれかを満たさず、その推計に合理性が認められない場合、処分の取消事由となる。

1　推計方法の最適性（要件1）を判示した裁判例

(1)　《薬物販売》薬物販売等に係る所得の金額を本人比率法により推計することには合理性があるとされた事例（さいたま地裁平成24年4月25日判決・国側勝訴：控訴審維持・確定）

【事案の概要】

　Ｙ（課税庁）が、麻薬及び向精神薬等の販売を業としていたＸ（納説者）に対して、本人比率法を用いてＸの所得金額を推計して行った所得税の更正処分等の適否が争われた事案。

【主な判示】

　本件薬物等販売の事業形態、取扱商品からすると、Ｘと業種が同一で

業態、事業規模等が類似する同業者やこれまでの調査実績を基にした統計資料を探し出すことは相当困難というべきであり、本件においては、Ｘ本人の一定期間の実績ないし記帳又は前後年分の調査実績を基礎とする本人比率法を採るのが、最も適したものであるといえる。

⑵　《パブスナック》資産負債増減法ではなく、同業者比率法によるべきであるとする納税者の主張が排斥された事例（さいたま地裁平成24年11月7日判決・国側勝訴：控訴審維持・確定）

（中略）

2　推計の基礎事実の正確性（要件2）と具体的推計方法の客観性（要件3）を判示した裁判例

⑴　《農業》出荷時に使用するダンボールの箱数を基礎として行った推計は適法であるとされた事例（高知地裁平成22年12月21日判決・国側勝訴：確定）

【事案の概要】

　Ｙ（課税庁）が、文旦（ぶんたん）等を生産する事業を営むＸ（納税者）に対して、出荷時に使用するダンボール箱の個数からＸの文旦に係る売上金額を推計して行った所得税の更正処分等の適否が争われた事案。

【主な判示】

　本件の認定事実によれば、購入されたダンボール箱は全て商品の出荷に用いるものであると考えられること、購入した年に使用されたダンボール箱の実数を把握することは困難であること、使用不能になったダンボール箱の存在を認めるに足りるだけの証拠がないことからすれば、1年間に仕入れたダンボール箱の全てがその年の出荷に用いられたものとして収入金額算定の基礎とすることには合理性があるというべきである。

　そして、Ｙが算定した文旦のダンボール箱1箱当たりの販売金額は、文旦の客観的な市場価格と評価し得るから、当該金額に1年間に仕入れたダンボール箱の個数を乗ずる方法によって、文旦の取引に係る年間の売上額を算定することも合理的である。

⑵　《農業》米作等の作付面積を基礎として行った推計は適法であると

された事例（さいたま地裁平成23年12月21日判決・国側勝訴：控訴
審維持・確定）

（中略）

⑶　《司法書士》登記申請業務に係る平均単価を基礎として行った推計
は適法であるとされた事例（東京高裁平成11年9月28日判決・国側
勝訴：確定）

（中略）

⑷　《貸金業》抵当権等設定総額を基礎として行った推計は適法である
とされた事例（徳島地裁平成17年10月31日判決・国側勝訴：控訴審
維持・上告審不受理）

（中略）

⑸　《学習塾》教材費を基礎として行った推計は適法であるとされた事
例（大津地裁平成15年11月27日判決・国側勝訴：確定）

（中略）

⑹　《学習塾》給料賃金の額を基礎として行った推計は適法であるとさ
れた事例（福島地裁平成22年2月23日判決・国側勝訴：確定）

（中略）

⑺《家電小売及び電気工事の兼業》仕入金額を基礎として行った推計に
ついて、推計の基礎数値の正確性が否定された事例（東京地裁平成5
年8月26日判決・国側一部敗訴：確定）

【事案の概要】

　Y（課税庁）が、家電小売業と電気工事業を兼業するX（納税者に対
して、家電小売については取引先の反面調査によって把握した仕入金額
を、電気工事については決算書に記載された仕入金額から上記の家電小
売に係る仕入金額を差し引いた残額を、それぞれ基礎としてXの所得金
額を推計して行った所得税の更正処分等の適否が争われた事案。

【主な判示】

　本件の推計方法は、電気工事の平均売上原価率が家電小売の同原価率
よりも数値が小さいという事情の下では、家電小売の仕入金額に捕捉漏
れがあるときは、その額が電気工事の仕入金額とみなされる結果、売上

201

金額が多額に算出される構造になっているから、推計の基礎となるべき家電小売の仕入金額の正確性が特に要求される。

　本件においては、家電小売の仕入金額の算出根拠が明らかでなく、かつ、家電小売の仕入金額について多額の捕捉漏れがあると認められるから、推計の基礎事実の正確性を欠き、推計方法の合理性を認めることはできない。（※下線筆者）

⑻《美容業》セット椅子の台数を基礎として行った推計に合理性が認められないとされた事例（横浜地裁平成13年7月4日判決・国側一部敗訴：確定）

　（中略）

3　同業者比率法を用いた推計について、具体的推計方法の客観性（要件3）を判示した裁判例

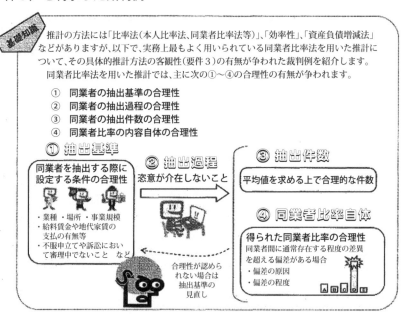

基礎知識

　推計の方法には「比率法(本人比率法、同業者比率法等)」、「効率性」、「資産負債増減法」などがありますが、以下で、実務上最もよく用いられている同業者比率法を用いた推計について、その具体的推計方法の客観性(要件3)の有無が争われた裁判例を紹介します。
　同業者比率法を用いた推計では、主に次の①～④の合理性の有無が争われます。

① 同業者の抽出基準の合理性
② 同業者の抽出過程の合理性
③ 同業者の抽出件数の合理性
④ 同業者比率の内容自体の合理性

① 抽出基準
同業者を抽出する際に設定する条件の合理性
・業種・場所・事業規模
・給料賃金や地代家賃の支払の有無等
・不服申立てや訴訟において審理中でないこと　など

② 抽出過程
恣意が介在しないこと

③ 抽出件数
平均値を求める上で合理的な件数

④ 同業者比率自体
得られた同業者比率の合理性
同業者間に通常存在する程度の差異を超える偏差がある場合
・偏差の原因
・偏差の程度

合理性が認められない場合は抽出基準の見直し

⑴　同業者の抽出基準の合理性（上記①）が争われた裁判例

　イ　《不動産賃貸》建物の購入件数を基準として同業者を抽出すべきとの納税者の主張が排斥された事例（津地裁平成20年7月31日判決・国側勝訴：控訴審・上告審維持）

【事案の概要】

　Y（課税庁）が、建物賃貸業を営むX（納税者）に対して、収入金額を基準に抽出した同業者の同業者比率を用いて不動産所得の金額を推計して行った所得税の更正処分等の適否が争われた事案。

【主な判示】

　Xは、類似同業者の選定に当たっては、収入金額ではなく、建物の購入件数を基準とすべきであると主張するが、収入金額が同等であれば、経験則上、収入金額に占める必要経費の割合も同等と考えられ、収入金額の類似性をもって、事業規模の類似性の担保とすることは一般に用いられる手法として合理性を有するところ、物件の取得及び賃貸に係る経費は個々の物件により異なるにもかかわらず、一律に物件の購入件数を基準として同業者を選定することがより合理的であると認めるに足りる事情はなく、この点に関するXの主張は採用できない。

　　ロ　《税理士》従業員数が納税者と同数という条件を同業者の抽出基準に加える必要があるとの納税者の主張が排斥された事例（東京地裁平成20年11月14日判決・国側勝訴：控訴審・上告審維持）

　（中略）

　　ハ　《大学教師の原稿料等収入》兼業で文筆家業を行う納税者の同業者として、専業で文筆家業を行う者を選定したことは合理性を欠くとの納税者の主張が排斥された事例（東京地裁平成21年7月31日判決・国側勝訴：控訴審・上告審維持）

　（中略）

⑵　同業者の抽出過程の合理性（上記②）が争われた裁判例

　《塗装工事》抽出過程に合理性は認められたものの、2件の同業者の抽出漏れがあったことから、一部敗訴した事例（大阪高裁平成16年8月27日判決・国側一部敗訴：上告審維持）

【事案の概要】

　Y（課税庁）が、塗装事業を営むX（納税者）に対して、同業者比率法を用いて事業所得の金額を推計して行った所得税の更正処分等の適否が争われた事案。第一審判決（神戸地裁平成15年10月3日判決）にお

いて、同業者の抽出に当たり２件の抽出漏れがあり、同業者の抽出過程における恣意の介在を窺わせるもので、推計過程の合理性が認められないとして、Ｘが自認している所得金額を超える部分について取り消されたことから、国が控訴した。

【主な判示】

　抽出過程が合理的であるためには、課税庁の行う抽出が、抽出基準に基づき機械的に行われ、課税庁の恣意が介在する余地のないものでなければならず、そのような恣意が排除される方式の抽出であれば、特定の意図をもってなされるなどの特段の事情がない限り、抽出過程の合理性が認められるということができる。本件では、本件抽出基準に基づき抽出された同業者16件のほかに、同基準に該当する２件の同業者が抽出から漏れていたことが認められるが、本件の抽出手順の下では、通常は特定の意図をもった抽出がされる余地は少ないと考えられるし、抽出漏れであった２件の同業者については、申告書の収入金額欄が空白であるなどの理由で、決算書を確認するまでもなく申告書の調査のみで非該当として除外された可能性を否定できないから、２件の同業者が抽出漏れであっても、それを直ちにＹの恣意の介在を示すものと評価することは困難といわざるを得ない。（※下線筆者）

　本件抽出基準に基づく抽出過程に合理性があると認められ、本件抽出基準に基づき抽出された同業者16件に上記の抽出漏れの２件を加えて特前所得率を推計し直した後の事業所得金額に基づき計算した額を超える部分は違法である。

(3)　同業者の抽出件数の合理性（上記③）が争われた裁判例

　　（中略）

(4)　同業者比率の内容自体の合理性（上記④）が争われた裁判例

　《電気メッキ業》他の同業者４名に比して所得率が格段に大きい同業者１名を除外し、その他の同業者の平均所得率により推計することが相当であるとされた事例（大阪地裁平成12年３月30日判決・国側一部敗訴：控訴審維持・確定）

【事案の概要】

　Y（課税庁）が、電気メッキ業を営むX（納税者）に対して、Xの売上金額を基礎として、これに、同業者5名の平均算出所得率を乗じてXの所得金額を推計して行った所得税の更正処分等の適否が争われた事案。

【主な判示】

　同業者5名の算出所得率をみると、最大のものと最小のもので約2倍以上の差があることもあり、相当の偏差があるといわざるを得ない。そして、その原因については、Yが上記各同業者のメッキの種類の違いなどを更に明らかにしない以上、不明であるといわざるを得ない。そこで、上記同業者5名のうち、Aの算出所得率は係争年分のいずれにおいても同業者中最高であり、しかも、その他の同業者との開きが格段に大きく、何らかの特殊要因がある可能性も考えられるので、Aを除外した他の同業者4名の平均所得率により、これを本件各年分のXの売上金額に乗ずる方法によるのが相当である。

　ロ　《不動産賃貸》抽出された同業者の所得率に相当の幅があるので合理性を欠くとの納税者の主張が排斥された事例（東京地裁平成21年12月18日判決・国側勝訴：控訴審・上告審維持）

　（中略）

（Ⅳ　国税訟務官室からのコメント）

　推計課税が適法であるというためには、「推計の必要性」と「推計の合理性」が認められることが必要であり、「推計の合理性」が認められるためには、3要件（推計方法の最適性、基礎事実の正確性、具体的推計方法の客観性）を満たしていなければならないとされています（上記Ⅲ「基礎知識」参照）。

　また、同業者比率法を用いた推計が合理的であるというためには、同業者の①抽出基準、②抽出過程及び③抽出件数の各合理性、並びに④抽出された同業者比率の内容自体の合理性の有無などが問われることになります（上記Ⅲ3「基礎知識」参照）。

　したがって、推計課税を行う際には、上記の諸点を念頭に置いて、推

計課税の必要性及び合理性を担保することが必要であり、特に同業者比率法を用いる場合には、①業種の同一性、場所の近接性、規模の近似性などにより同業者の類似性が確保されているか、②抽出過程において恣意が介在していないか、③推計課税の対象となる納税者に同業者との類似性を阻害するような特殊事情がないかなどの点にも留意して調査を進めることが必要となります[47]。

---

[47]　本文書では推計課税の基礎知識に関する参考文献として下記のものを挙げています。

金子宏『租税法　第二十二版』

植松守雄『五訂版　注解　所得税法』

谷口勢津夫『税法基本講義　第5版』

酒井克彦『行政事件訴訟法と租税争訟』

司法研修所編集『租税訴訟の審理について（改訂新版）』

Ⅶ－3　実額反証に対するいわゆる三位一体説の基本的な考え方

 実額反証に対するいわゆる三位一体説について基本的な考え方を教えてください。

A 下記の国税情報が参考になります。

【解　説】

○その他行政文書　調査に生かす判決情報022

情報　調査に生かす判決情報ｉｓｓｕｅｄ；022　平成21年12月　推計課税の理論と適用・推計課税の要件及び具体的手続－推計の必要性と合理性要件の充足のために－東京地裁平成20年11月14日判決（地裁・高裁　国側勝訴　相手側上告中）　東京国税局課税第一部国税訟務官室

《ポイント》

　推計の必要性の判断基準は、更正処分時である

▼　推計の必要性は手続的要件であり、更正処分時においてこれを適法に具備していた以上、処分後の不服申立て段階で帳簿書類等が提示されたからといって直ちに当該処分が違法となるものではない。（本件判決）

　推計の合理性は、近似値を算定しうる一応の合理性が必要

▼　推計方法に一応の合理性があると認められた場合には、特段の反証がされない限り、その推計方法によって算出される課税標準等の額が真実の課税標準等の額に合致するとの事実上の推定をすることができる。（本件判決）

実額反証に対しては、いわゆる三位一体説により判断する。

▼　納税者が実額による課税をすべき旨を主張する場合には、その主張する収入金額が控訴人の当該係争年分のすべての取引から生じたすべての収入であり、かつ、その主張する必要経費が当該係争年中に発生し、確定し、かつ、事業との関連性を有するものであることを合理的な疑いを入れない程度に立証する必要がある。（東京高裁平成8年5月15日判決）

（中略）

（調査に役立つ基礎知識）

1　推計課税とは

⑴　課税は、本来、帳簿書類等の資料に基づく実額によりなされるべきですが、調査に際し、納税者から収入や経費を裏付ける直接資料の提示がなく（あるいは不足し）、また、質問検査権の行使によっても取引額を把握できない場合があります。このような場合において課税を放棄することは租税負担公平の原則に反し許されないことから、間接資料を用いた推計により所得を計算し課税することも課税庁には許されていると解され、それを明記したのが所得税法156条、法人税法131条（どちらも、昭和25年改正で規定された。）であるといえます[48]。

　ところで、消費税法には推計課税の規定がないのですが、上記の解釈により推計課税も許されると解され、判例上も消費税に係る推計課税を適法としています（仙台高裁平成18年4月12日判決・税資256号順号10364）。（※下線筆者）

⑵　税法に定める推計課税とはどのような課税であるのか、つまり、どのような要件を満たした場合に推計課税が適法といえるのかについては、従来の通説である事実上推定説と補充的代替手段説があります[49]。

　どちらの説を裁判所が採るのかは、まだ最高裁の判断がされていないため統一されておらず、事件によっては、地裁において課税庁の主

48　最高裁昭和39年11月13日第二小法廷判決・訟月11巻2号312頁参照

49　司法研修所編『租税訴訟の審理について（改訂新版）』においては、事実上推定説に従うとしていますが（202頁）、課税庁は、補充的代替手段説を主張することが通例です。

張した補充的代替手段説を否定し事実上推定説によるべきであるとして、推計に合理性がないと判示したものの、高裁では両説についての論及部分を削除し、どちらの説かは明示せずに当該推計に合理性があるとした判決もみられます（東京地裁平成16年4月28日判決・税資254号順号9643とその控訴審東京高裁平成16年9月21日判決・税資254号順号9754）。

2　事実上推定説と補充的代替手段説

(1)　どちらの説に立つかによって、推計の必要性、推計の合理性の程度、実額反証が認められる立証の程度等の解釈に差がありますが、その違いが調査方法に大きく影響を与えるものではありません（※下線筆者）ので、以下において簡単に説明します。

　イ　事実上推定説

（中略）

　ロ　補充的代替手段説

（中略）

(2)　推計の合理性（推計方法の最適性）において課税庁が立証すべき合理性の程度については、判例においてもいくつかの解釈に分かれています。

（中略）

(注3)「事実上の推定」という言葉は、「法律上の推定」との違いを踏まえて理解すべきですが、ある経験法則に依拠して、間接事実を前提に、要件事実や権利を推認することをいいます。つまり、Aという事実（主要事実）がなければ法律効果が発生したとはいえない場合で、A事実の存在そのものは明らかではないのですが、A事実に結びつくB事実等（間接事実）をもって、通常、論理的・経験的にA事実の存在を推認することをいいます。（※下線筆者）

(注4)　司法研修所編『租税訴訟の審理について（改訂新版）』（P203）においては、「事実上推定説を採っても、推計の必要性は推計課税の効力要件と解することになる」としています。（※下線筆者）

3　推計の必要性と合理性の立証の準備

　推計課税が訴訟で争われた場合は、推計の必要性と合理性について、課税庁による立証が必要です。そのため、原処分においては、推計の必要性と合理性について、それぞれ次のポイントに注意すべきです。

(1)　推計の必要性

　　イ　推計の必要性が認められる事由としては、一般に、①帳簿書類の不存在、②帳簿書類の不備、③調査非協力等の事由により実額の把握が不可能又は著しく困難なことをいいます。

　　ロ

　　（中略）

　また、粘り強く帳簿等の提示や調査への協力を求めたにもかかわらず、結局、合理的な理由もなく調査に協力がされず、実額課税を行うに足りる資料の提示がなく、また実額計算が不可能であったことなどの事実関係の記録（当方と納税者等とのやりとりの記録ほか）については、訴訟時に推計の必要性を立証する際の基礎となりますから欠かすことはできません。

　　ハ　推計課税事件は、本件と同様に、最近は医師、弁護士、税理士等の士業を営む納税者に係る事件も目につくほか、東京局以外では法人の推計課税事件も散見され、いずれも調査非協力を主な原因として推計課税が行われているようです。（※下線筆者）

　　　調査の際、納税者からの第三者の調査立会要求、調査理由の開示要求、ビデオ等による撮影・録音要求等については、これを不許可としても、税務職員に課された守秘義務の観点等からの理由をもって裁判上の理解が得られています（京都地裁平成18年10月27日判決・税資256号順号10556など）。（※下線筆者）その理由は、質問検査権の行使が調査担当者の合理的な裁量にゆだねられているからですが、職員のとった行動が守秘義務の要請の下等において社会通念上不当なものではなく、合理的な選択による正当なものであることを説明できることが必要です。

　　　また、全くの非協力といえないまでも、帳簿の提示がなかなかされない、帳簿を写させない・貸さないなど、事実上非協力（質問検

査をする機会を与えない）（「帳簿書類を検査することの中には、これを単に閲読するだけではなく、内容を筆写したり、複写機その他の器材を使用して複写することも当然に含まれるというべきである。」（東京高裁平成21年4月8日判決・公刊物未登載）（※下線筆者）という事件もあることと思われます。

　このような場合には、推計課税を行うに至った理由（推計の必要性）が特に問題となりますから、納税者の主張や対応をよく吟味し、それが調査拒否に等しいと評価できるのかを検討する必要があります。その他、納税者の説得と並行して、部分的にでも提示された資料は必ず写しを取るなどして、推計において参考となる基礎数値を把握し、積極的に推計課税をにらんだ調査を展開すべきであるといえます。

⑵　推計の合理性

　イ　推計の合理性の要件

　（中略）

　ロ　推計の柱（基礎事実）の正確性

　（中略）

　資産負債増減法による推計は、納税者に帰属する資産及び負債の額がそのまま基礎事実となり、それを個々に積み上げて所得金額を算出することから、その正確性は特に重要であり、特に名義人と実質帰属者との区分けやいわゆる持込資産の把握に留意する必要があります。（※下線筆者）[★1]

　ハ　同業者の抽出条件設定における類似性の程度

　（中略）

　ニ　抽出同業者数の妥当性

　（中略）

　ホ　まとめ

　（中略）

⑶　実額反証への対応（実額反証の立証の程度の問題）

　異議申立てに係る調査において、納税者から帳簿書類が初めて提示さ

れ、いわゆる実額反証の主張がなされる場合がありますが、実額反証の立証の程度は、まさに実額としての立証足り得ているのかということにより判断することが妥当といえます。

つまり、課税庁が必要経費についてのみ推計を行った場合であっても、納税者が行うべき実額反証の範囲については、収入金額及び必要経費の双方について実額をもって主張・立証しなければならず、収入金額については、すべての取引先からのすべての取引についての総収入金額であり、かつ、必要経費については、その収入と対応する必要経費が実際に支出され、当該事業と関連性を有することを主張・立証する必要がある（名古屋地裁平19年12月13日判決・公刊物未登載）^{（★2）}といえ、例えば必要経費の一部だけを提示するような実額反証は認められないと解されています。（※下線筆者）

（★1）

実務では

①税理士が年1契約で申告書を作成しているが、納税者が過去年分の原始帳票類を捨ててしまった

②顧問税理士が調査開始時点でおらず、調査での課税金額が多額なので調査途中から納税者が税理士に依頼をしてきた

③帳票類は存在するが、当局がそれを信用あるものとできない、簿外の売上・所得が存在するはず

などが典型例です。

当局が課税金額がより多額になると推定しているのは、生活費から逆算するとこの程度の所得がなければおかしい、という社会通念（＝常識、経験則）が働くからです。

食費・家賃・学費、その他生活費等々をざっくりと計算したところ、1か月あたり50万円だったとします。50万円×12か月＝600万円以上が税引後所得でなければ社会通念（＝常識、経験則）でおかしいという争点です。さらにこれを税引前所得に換算すると、800〜900万円に相当するはず、さらにこれを7年間遡れば、6,000万円超の金

額になり、住民税や社保等々の負担を考えるとさらに所得はなくては
ならないという指摘です。

　生活費＋貯金の増額分＝税引後所得と、社会通念（＝常識、経験則）
で推定することは可能であるため理論的にはこれは間違っておりませ
ん。

　これらに関して抗弁は下記になります。なお、令和4年度税制改正
については触れていません。

①必要性

　推計課税の必要性への争点へのすり替えです。納税者側として、帳
票類・帳簿等を提示したにもかかわらず、生活費などから考えて所得
金額が少なすぎる、とはそもそも当局が争点をすり替えています。そ
れをもとに戻すことです。

昭和61年7月29日裁決

　請求人は、必要経費の計算について、青色申告書以外の申告書の提出
者（いわゆる白色申告者）との権衡上、実額計算が可能である場合であっ
ても、白色申告者に適用される経費率による推計計算が有利であると認
めるときは、その選択により、推計計算が許されるべきであると主張す
るが、所得税法では、実額計算が原則であり、推計計算は実額計算がで
きない場合にやむを得ず許される補完的な計算方法であるから、実額計
算が可能である場合には、推計計算は許されない。

　したがって、請求人は、青色申告者であり、事業所得に関する所定の
帳簿書類を備え、継続記録を有しており、事業所得の金額計算について
実額計算が可能であるから、請求人の主張は採用できない。

　推計の必要性がない場合は、そもそも推計課税の必要性がない旨を主
張します。これを実額反証といいます。

②計算方法の合理性

　上掲のとおり、推計に決まった計算方法はありません。

　公開裁決事例の中でも計算方法により納税者が勝っている事案は多数あります。

　調査官が提示した計算方法より「合理的な所得金額を算出できる計算方法を提示」することで、所得金額を下げることが十分可能です。

　他に合理的な計算方法があればそれを採用しなければならないため、上記のようなざっくりした生活費の金額だけで所得を確定（推定）できないことは当局も理解しています。そこで十分に交渉の余地があります。

（★2）

　いわゆる三位一体説であり、他に、東京高裁平成8年5月15日判決・訟月43巻6号1542頁、大阪地裁平成7年12月21日判決・税資214号1000頁、京都地裁平成6年12月14日判決・訟月42巻10号2515頁、釧路地裁平成6年6月28日判決・行集45巻5・6号1407頁、さいたま地裁平成19年3月14日判決・公刊物未登載などがあり、同説と類似の判例が多数あります。

　なお、補充的代替手段説では三位一体説によるべきこととなります。

補　論　雑所得でなく事業所得とみなされる
　　　ためのエビデンス

Q 事業所得と雑所得について、雑所得ではなく事業所得とみなされるエビデンスを教えてください。

A 唯一解、最適解とされる決定打となる証拠の作成は不可能です。雑所得か事業所得かの分類は事実認定に着地します。

【解　説】

　まずは、「所得税基本通達の制定について」の一部改正について（法令解釈通達）https://www.nta.go.jp/law/tsutatsu/kihon/shotoku/kaisei/221007/pdf/02.pdfを確認します。

　ここでは、このうち事業所得について検証します。

（参考）事業所と業務に係る雑所得等の区分（イメージ）

収入金額	記帳・帳簿書類の保存あり	記帳・帳簿書類の保存なし
300万円超	概ね事業所得 ^(注)	概ね業務にかかる雑所得
300万円以下		業務に係る雑所得 ※資産の譲渡は譲渡所得・その他雑所得

（注）次のような場合には、事業と認められるかどうかを個別に判断することとなります。
　　　① その所得の収入金額が僅少と認められる場合
　　　② その所得を得る活動に営利性が認められない場合

　これについて②は営利性を常に追及するという意味で、数年度にわたり赤字であれば問題になり得ます。①について反証が非常に難しいためです。例えば給与所得者が副業として雑所得を事業所得として申告している場合に、当局調査でもよくありますが「あなた（納税者）は他人から何をして生計を立てていますか」といわれ、「サラリーマンです」と回答したとします。これでメインが給与所得、副業は給与所得に比較し

215

て少額であればあるほど雑所得認定されやすくなります。

　この時の対応として副業としての名刺を作成し、それを調査官に見せるという古典的対応方法もありますが、申告書での所得の多寡の検証と現状の当該納税者の生活水準を照合すれば、どちらで生計を立てているかすぐにわかります。したがって、これをもって今は金額僅少でも、これはあくまで開業準備行為であり事業所得であるという主張は極めて通りにくいといえます。

　また、これも古典的な実務通説ですが、おおむね３年以上、主要所得の10％以下が連続していればそれも問題になり得ます。

　上掲のいずれも古典的な実務通説のため、そして、改正通達が発出されたため、将来的には「従来」通説になりうる可能性は十分にあります。

　下記の裁判例は参考になります。

重要情報
○所得の帰属／インターネット上のウェブサイト収入
　東京地方裁判所平成19年（行ウ）第１号所得税更正処分取消請求事件　平成21年７月31日判決　TAINSコードＺ259－11255

（判示事項）
1　原告（大学教師・評論家）は、給与所得及び雑所得（原稿料・講演料等）を申告していたが、税務署長から、平成１３年分から同１５年分までの所得税について、インターネット上のウェブサイト収入は原告に帰属し、原稿料等と併せて事業所得に該当するとして更正処分等を受けた。本件は、原告が、本件サイトの運営主体は人格のない社団等Ｏであり、その収入はＯに帰属すると主張して、各処分の取消しを求めた事案である。
2　本件サイトは、平成13年から同15年当時、原告の名を冠したサイト名が付けられるとともに原告の顔写真やプロフィール等が掲載され、また、その内容も、原告の著書の紹介及び販売並びに原告が行った講演会の模様を録画したビデオの販売を行うとともに、有料ページ

において、広く一般から購読会員を募り、原告が選別した特別な情報等を有料で提供するというものであったということができるのであるから、原告が主宰者となって、自らの著作物を販売し、また、政治経済等に関する情報の発信等をすることを目的として開設されたウェブサイトとして位置付けるのが相当である。

3　原告は、本件サイトの運営等の方針を決定するとともに、対外的にも本件サイトの運営主体として行動していたということができ、本件サイトの運営の拠点であった賃借物件の賃料及び共益費を自分自身の経費として計上していたのである。そして、本件サイト収入は、原告名義の預貯金口座に振り込まれ、少なくともその一部については、引き出されて原告が取得するところとなっているのである。以上によれば、本件サイトの運営主体は原告であったと認めるのが相当であり、したがって、本件サイト収入は原告に帰属するものというべきである。

4　人格のない社団等の意義については、私法におけるものと同義に解すべきところ、私法上、ある団体が、その各構成員とは別の独立した社会的存在とされる人格のない社団等と認められるためには、①団体としての組織を備え、②多数決の原則が行われ、③構成員が変更しても団体そのものが存続し、④その組織によって代表の方法、総会の運営、財産の管理その他団体としての主要な点が確定していることを要するものである。

5　Oは、構成員となるための要件が不明確であり、多数決の原則が行われていたともいえないこと等から、Oは人格のない社団等の要件を満たすには至っていなかったものといわざるを得ない。したがって、Oが本件サイト収入の帰属主体となることはない。

6　原告は、大学教師としての給与収入を上回る原稿料等収入を得ていたこと、著書の奥書には、原告について、A大学教授であることと並んで文筆、講演等の活動を行っている者であることにも相当の力点が置いた紹介がされていること、自らが運営主体となっている本件サイトにおいて、著書の紹介及び販売並びに講演会のビデオの販売に努めていたこと等から、原稿料等収入による所得は、社会通念上事業所得

に該当する。

7　原告は、本件サイトを運営して、給与収入の額にほぼ匹敵するかそれを上回る収入を得ていること、融資を受けるに当たり、開業計画書の事業内容として「インターネットによる言論・情報提供業」を掲げていたのみならず、開業後の利益金額の見通しを立てていたこと等が認められ、本件サイト収入による所得は、社会通念上事業所得に該当するものと認めるのが相当である。

（別表 1 － 1 ）

課税処分等の経緯（平成 13 年分）

（単位：円）

項目＼区分		確定申告 平成14年3月6日	更正処分及び賦課決定処分 平成17年2月25日	異議申立て 平成17年4月18日	確定申告 平成17年6月22日	確定申告 平成17年7月20日	確定申告 平成18年7月7日
所得金額	事業所得の金額	0	9,186,741	0		0	
	給与所得の金額	5,034,058	5,034,058	5,034,058		5,034,058	
	雑所得の金額	2,096,792	0	2,096,792		2,096,792	
	総所得金額	7,130,850	14,220,799	7,130,850		7,130,850	
所得控除額	社会保険料控除	813,900	837,078	813,900		813,900	
	生命保険料控除	100,000	100,000	100,000		100,000	
	配偶者控除	380,000	380,000	380,000		380,000	
	配偶者特別控除	380,000	0	380,000	棄却	380,000	棄却
	扶養控除	860,000	860,000	860,000		860,000	
	基礎控除	380,000	380,000	380,000		380,000	
	所得控除の合計額	2,913,900	2,557,078	2,913,900		2,913,900	
課税総所得金額		4,216,000	11,663,000	4,216,000		4,216,000	
算出税額		513,200	2,268,900	513,200		513,200	
定率減税額		102,640	250,000	102,640		102,640	
源泉徴収税額		1,484,944	1,484,944	1,484,944		1,484,944	
納付すべき税額		△1,074,384	533,900	△1,074,384		△1,074,384	
過少申告加算税			215,000	0	棄却	0	棄却

※　「課税総所得金額」欄の金額は、国税通則法 118 条 1 項の規定より 1,000 円未満の端数を切り捨てた後の金額である。

※　「納付すべき税額」欄の△は、還付金の額に相当する税額を表す。

課税処分等の経緯（平成14年分）

（単位：円）

項目 ＼ 区分	確定申告 平成15年2月19日	更正処分及び賦課決定処分 平成17年2月25日	異議申立て 平成17年4月18日	確定申告 平成17年6月22日	確定申告 平成17年7月20日	確定申告 平成18年7月7日
所得金額　事業所得の金額	0	16,731,404	0		0	
所得金額　給与所得の金額	5,510,346	5,510,346	5,510,346		5,510,346	
所得金額　雑所得の金額	1,904,770	0	1,904,770		1,904,770	
所得金額　総所得金額	7,415,116	22,241,750	7,415,116		7,415,116	
所得控除額　社会保険料控除	877,000	877,000	877,000		877,000	
所得控除額　生命保険料控除	100,000	100,000	100,000		100,000	
所得控除額　配偶者控除	380,000	380,000	380,000		380,000	
所得控除額　配偶者特別控除	380,000	0	380,000	棄却	380,000	棄却
所得控除額　扶養控除	860,000	860,000	860,000		860,000	
所得控除額　基礎控除	380,000	380,000	380,000		380,000	
所得控除額　所得控除の合計額	2,977,000	2,597,037	2,977,000		2,977,000	
課税総所得金額	4,438,000	19,644,000	4,438,000		4,438,000	
算出税額	557,600	4,778,280	557,600		557,600	
定率減税額	111,520	250,000	111,520		111,520	
源泉徴収税額	1,699,806	1,726,472	1,699,806		1,699,806	
納付すべき税額	△1,253,725	2,801,800	△1,253,725		△1,253,725	
過少申告加算税		582,500	0	棄却	0	棄却

※　「課税総所得金額」欄の金額は、国税通則法118条1項の規定より1,000円未満の端数を切り捨てた後の金額である。

※　「納付すべき税額」欄の△は、還付金の額に相当する税額を表す。

（別表1－3）

課税処分等の経緯（平成15年分）

（単位：円）

項目	区分	確定申告 平成16年2月23日	更正処分及び 賦課決定処分 平成17年2月25日	異議申立て 平成17年4月18日	確定申告 平成17年6月22日	確定申告 平成17年7月20日	確定申告 平成18年7月7日
所得金額	事業所得の金額	0	26,322,342	0		0	
	給与所得の金額	5,544,933	5,544,933	5,544,933		5,544,933	
	雑所得の金額	2,224,817	0	2,224,817		2,224,817	
	総所得金額	7,769,750	31,867,275	7,769,750		7,769,750	
所得控除額	社会保険料控除	991,133	991,133	991,133		991,133	
	生命保険料控除	100,000	100,000	100,000		100,000	
	配偶者控除	380,000	380,000	380,000		380,000	
	配偶者特別控除	380,000	0	380,000		380,000	
	扶養控除	860,000	860,000	860,000	棄却	860,000	棄却
	基礎控除	380,000	380,000	380,000		380,000	
	所得控除の合計額	3,091,133	2,711,133	3,091,133		3,091,133	
課税総所得金額		4,678,000	29,156,000	4,678,000		4,678,000	
算出税額		605,723	8,297,720	605,723		605,723	
定率減税額		121,144	250,000	121,144		121,144	
源泉徴収税額		3,474,027	3,474,072	3,474,027		3,474,027	
納付すべき税額		△2,989,448	4,573,600	△2,989,448		△2,989,448	
過少申告加算税			1,109,500	0	棄却	0	棄却

※　「課税総所得金額」欄の金額は、国税通則法118条1項の規定より1,000円未満の端数を切り捨てた後の金額
　　である。

※　「納付すべき税額」欄の△は、還付金の額に相当する税額を表す。

平成13年分本件原稿料等収入

（単位：円）

順号	支払者	区分	収入金額	源泉徴収税額
1		公演謝礼	333,333	33,333
2		出演報酬	100,000	10,000
3		印税	129,195	12,919
4		印税他（内消費税12,000円）	2,929,500	309,350
5		原稿料	920,000	92,000
6		印税（内消費税7,500円）	157,500	15,000
7		原稿料・講演料等	358,621	35,860
8		原稿料	48,000	4,800
9		講演料	277,777	27,777
10		講演料	50,000	5,000
11		講演料	50,000	5,000
12		原稿料等	19,500	1,950
13		印税	4,200,000	670,000
14		原稿料	60,000	6,000
15		講師謝金	55,555	5,555
16		出演費	220,000	22,000
	合計		9,908,981	1,256,544

（別表 2 － 2 ）

平成 14 年分本件原稿料等収入

（単位：円）

順号	支払者	区分	収入金額	源泉徴収税額
1		原稿料	10,000	1,000
2		原稿料	40,000	4,000
3		原稿料	105,000	10,000
4		印税	2,350,000	235,000
5		報酬	44,444	4,444
6		顧問料	900,000	90,000
7		印税等（内消費税 11,015 円）	3,160,830	383,781
8		講師謝金	340,000	34,000
9		原稿料	630,000	63,000
10		原稿料	100,000	10000
11		印税	2,654,400	363,680
12		講演料・教授料等	333,333	33,333
13		原稿料等	133,000	13,300
14		印税等（内消費税 12,240 円）	257,040	24,480
15		講演料	333,333	33,333
16		印税	390,000	39,000
17		原稿料・講演料等	165,665	16,665
18		原稿料	250,000	25,000
19		謝礼金	166,666	16,666
20		印税・その他	132,108	0
21		対談謝礼	84,000	8,400
22		原稿料等	19,500	1,950
23		印税・原稿料	495,000	49,500
24		原稿料	26,400	2,640
		合計	13,121,719	1,463,172

（別表2－3）

平成15年分本件原稿料等収入

（単位：円）

順号	支払者	区分	収入金額	源泉徴収税額
1		講演料	333,333	33,333
2		原稿料	60,444	6,044
3		原稿料	50,000	5,000
4		印税	63,525	6,352
5		顧問料	3,600,000	360,000
6		原稿料	15,500	15,750
7		印税等（内消費税6,613円）	453,898	44,728
8		印税・原稿等(内消費税102,777円)	2,158,332	241,83
9		原稿料	245,000	24,500
10		講演料	100,000	－
11		講演料	100,000	－
12		會議	30,000	－
13		印税	12,74,400	2,212,480
14		講師料	111,111	11,111
15		講演料	175,000	17,500
16		印税等（内消費税13,500円）	283,500	27,000
17		講演料（12. 10）	333,333	33,333
18		原稿料・講演料等	246,664	24,664
19		原稿料等	150,000	15,000
20		原稿料	385,000	38,500
21		出演料	30,000	3,000
22		インタビュー料	66,666	6,666
23		謝金・旅費	60,015	6,001
24		出演料等（内消費税3,888円）	81,665	7,777
25		講師謝礼	50,000	5,000
26		講演会講師謝礼	300,000	30,000
27		初刷印税・原稿料	360,000	36,000
28		講演料	55,555	5,555
	合計		22,774,941	3,217,127

（別表3－1）　　　平成13年分の所得税の総所得金額及び納付すべき税額　　　（単位：円）

項目	順号	金額	摘要
事業所得に係る総収入金額	①	16,519,946	
事業所得の金額	②	9,464,277	
給与所得の金額	③	5,034,058	
総所得金額	④	14,498,335	②＋③
所得控除の合計額	⑤	2,557,078	
課税される総所得金額	⑥	11,941,000	④－⑤(1,000円未満の端数切捨て)
差引所得税額	⑦	2,352,300	
定率減税額	⑧	250,000	
源泉徴収税額	⑨	1,484,944	
納付すべき税額	⑩	617,300	⑦－⑧－⑨(100円未満の端数切捨て)

（別表3－2）　　　平成14年分の所得税の総所得金額及び納付すべき税額　　　（単位：円）

項目	順号	金額	摘要
事業所得に係る総収入金額	①	31,367,462	
事業所得の金額	②	18,202,538	
給与所得の金額	③	5,510,346	
総所得金額	④	23,712,884	②＋③
所得控除の合計額	⑤	2,597,037	
課税される総所得金額	⑥	21,115,000	④－⑤(1,000円未満の端数切捨て)
差引所得税額	⑦	5,322,550	
定率減税額	⑧	250,000	
源泉徴収税額	⑨	1,726,472	
納付すべき税額	⑩	3,346,000	⑦－⑧－⑨(100円未満の端数切捨て)

（別表3－3）　　　平成15年分の所得税の総所得金額及び納付すべき税額　　　（単位：円）

項目	順号	金額	摘要
事業所得に係る総収入金額	①	47,919,794	
事業所得の金額	②	26,499,646	
給与所得の金額	③	5,544,933	
総所得金額	④	32,044,579	②＋③
所得控除の合計額	⑤	2,711,133	
課税される総所得金額	⑥	29,333,000	④－⑤(1,000円未満の端数切捨て)
差引所得税額	⑦	8,363,210	
定率減税額	⑧	250,000	
源泉徴収税額	⑨	3,474,027	
納付すべき税額	⑩	4,639,100	⑦－⑧－⑨(100円未満の端数切捨て)

225

（別表4）

本件各係争年分の事業所得に係る総収入金額

	順号	平成13年分	平成14年分	平成15年分
本件原稿料等収入	①	9,908,981円	13,121,719円	22,774,941円
本件サイト収入	②	6,610,965円	18,245,743円	25,144,853円
総収入金額（①＋②）	③	16,519,946円	31,367,462円	47,919,794円

（別表5）

本件各係争年分の事業所得に係る総収入金額

	順号	平成13年分	平成14年分	平成15年分	摘要
総収入金額	①	16,519,946円	31,367,462円	47,919,794円	
所得率	②	57.29%	58.03%	53.30%	別表6－1、6－2及び6－3
事業専従者控除額控除前の事業所得の金額（①×②）	③	9,464,277円	18,202,538円	26,499,646円	
事業専従者控除額	④	－	－	－	
事業所得の金額（③－④）	⑤	9,464,277円	18,202,538円	26,499,646円	
更正処分に係る事業所得の金額	⑥	9,186,741円	16,731,404円	26,322,342円	

（別表 6 - 1 ）

文筆家業の類似同業者（平成 13 年分）

類　似 同業者	①売上（収入）金額 円	②所得金額 円	③所得率 %
1	15,349,285	10.924	71.17
2	13,992,692	897,331	6.41
3	12,806,380	3,269,915	25.53
4	11,957,991	4,234,790	35.41
5	11,638,850	3,919,834	33.67
6	11,001,697	8,596,504	78.13
7	10,865,215	8,284,899	76.10
8	10,865,215	4,936,768	45.43
9	10,702,539	6,553,414	61.23
10	10,607,018	7,583,035	71.49
11	10,478,868	7,959,277	75.95
12	9,478,876	6,872,368	72.50
13	8,649,71	5,410,436	62.55
14	8,565,800	7,456,391	87.04
15	8,37,571	4,761,264	56.86
合計			859.47
平均			57.29%

（別表 6 − 2 ）

文筆家業の類似同業者（平成 14 年分）

類 似 同業者	①売上（収入）金額 円	②所得金額 円	③所得率 %
1	39,186,448	31,626,124	80.70
2	36,044,132	25,630,446	71.10
3	35,177,987	17,040,786	48.44
4	32,180,379	18,432,066	57.27
5	29,305,675	8,197,265	27.97
6	26,431,704	17,788,106	67.29
7	25,240,290	11,368,873	45.04
8	24,293,868	14,760,893	60.75
9	20,020,824	12,668,582	63.27
10	17,562,763	9,082,422	51.71
11	16,850,281	11,100,943	65.87
12	16,439,036	9,365,482	56.97
合計			696.38
平均			58.03%

（別表 6 - 3 ）

文筆家業の類似同業者（平成 15 年分）

類　似 同業者	①売上（収入）金額 円	②所得金額 円	③所得率 %
1	72,252,385	63,433,269	87.79
2	65,208,267	27,049,813	41.48
3	54,749,394	31,536,338	57.60
4	53,983,089	11,244,552	20.82
5	33,111,714	29,127,099	87.96
6	32,295,957	24,936,588	77.31
7	29,872,755	11,989,105	40.13
8	29,712,289	18,296,014	61.57
9	29,528,650	9,473,462	32.08
10	28,569,090	7,957,135	27.85
11	26,767,881	6,795,038	25.38
12	26,759,287	24,195,590	90.41
13	26,759,27	17,184,326	68.55
合計			718.93
平均			55.30%

（別表7）

1. 原告が行った確定申告　　　　　　　　　　　　　　　　　　　　　　　　（単位：円）

項目	順号	平成13年分	平成14年分	平成15年分
雑所得に係る収入	①	9,889,461	12,831,798	22,748,163
経費	②	7,792,689	10,927,028	20,523,346
雑所得（①－②）	③	2,096,792	1,904,770	2,224,817
給与収入	④	6,926,732	7,455,940	7,494,381
給与所得	⑤	5,034,058	5,510,346	5,544,933
総所得（③＋⑤）	⑥	7,130,850	7,415,116	7,769,750
納付すべき税額	⑦	△1,074,384	△1,253,726	△2,989,448

※　「納付すべき税額」欄の△は、還付金の額に相当する税額を表す。

2. 原告個人の所得にOの所得を実額で合算した場合　　　　　　　　　　　　（単位：円）

項目	順号	平成13年分	平成14年分	平成15年分
原告個人の雑所得（＝1③）	①	2,096,792	1,904,770	2,224,817
Oの収入	②	1,029,500	4,478,723	8,671,131
Oの会費収入	③	5,459,665	13,800,744	16,483,722
Oの寄付金収入	④	1,374,600	2,097,500	11,247,000
Oの経費	⑤	9,746,896	15,508,989	28,190,998
差引所得（①＋②＋③＋④－⑤）	⑥	210,661	6,772,748	10,435,672
原告個人の給与所得（＝1⑤）	⑦	5,034,058	5,510,346	5,544,933
総所得（⑥＋⑦）	⑧	5,244,719	12,283,094	15,980,605
所得控除の合計額	⑨	2,913,000	2,977,000	3,091,133
課税総所得（⑧－⑨）	⑩	2,330,000	9,306,000	12,889,000
算出税額	⑪	233,000	1,561,700	2,636,600
定率減税額	⑫	46,000	250,000	250,000
源泉徴収税額	⑬	1,484,944	1,699,806	3,474,027
納付すべき税額（⑪－⑫－⑬）	⑭	△1,298,554	△388,106	△1,087,427

※　「課税総所得」欄の金額は、通則法118条1項の規定より1,000円未満の端数を切り捨てた後の金額である。

※　「納付すべき税額」欄の△は、還付金の額に相当する税額を表す。

［著者紹介］

伊藤　俊一（いとう・しゅんいち）

　伊藤俊一税理士事務所代表。

　愛知県生まれ。税理士。愛知県立旭丘高校卒業、慶應義塾大学文学部入学、一橋大学大学院国際企業戦略研究科経営法務専攻修士、同博士課程満期退学。

　都内コンサルティング会社にて某メガバンクの本店案件に係る事業再生、事業承継、資本政策、相続税等のあらゆる税分野の経験と実績を有する。

　現在は、事業承継・少数株主からの株式集約（中小企業の資本政策）・相続税・地主様の土地有効活用コンサルティングについて累積数百件のスキーム立案実行、税理士・公認会計士・弁護士・司法書士等からの相談業務、会計事務所、税理士法人の顧問業務、租税法鑑定意見書作成等々を主力業務としている。

　主な著書に『新版 Q&A 非上場株式の評価と戦略的活用手法のすべて』『新版 Q&A みなし贈与のすべて』（共に、ロギカ書房）ほか、月刊「税理」にも多数寄稿。

　なお、税務に関する質問・相談を随時受け付けています。下記からアクセスし、お寄せください。

税務質問会

節税タックスプランニング研究会

税務署を納得させるエビデンス
—決定的証拠の集め方— 1 個人編

令和5年 1 月15日　第 1 刷発行
令和5年10月15日　第 4 刷発行

著　者　　**伊藤　俊一**

発　行　　**株式会社 ぎょうせい**

〒136-8575　東京都江東区新木場1-18-11
URL：https://gyosei.jp

フリーコール　0120-953-431

ぎょうせい　お問い合わせ　検索　https://gyosei.jp/inquiry/

〈検印省略〉

印刷　ぎょうせいデジタル㈱　　　　　　　　　©2023　Printed in Japan
※乱丁・落丁本はお取り替えいたします
ISBN978-4-324-11217-5
(3100556-01-001)
〔略号：税務エビデンス1個人〕